아이의 품격

좌충우돌 우리아이 품위있게 키우는 법

아이의 품격

•다카하시 요시오 지음•김은진 옮김•

파라북스

아이의 품격

2010년 5월 4일 초판 1쇄 인쇄
2010년 5월 10일 초판 1쇄 발행

지은이 | 다카하시 요시오
옮긴이 | 김은진
펴낸이 | 김태화
펴낸곳 | 파라북스

주   간 | 이성옥
기   획 | 조은주, 홍효은
마케팅 | 박경만
책임편집 | 전지영
본문디자인 | 엔드디자인
관   리 | 이연숙

등록번호 | 제313-2004-000003호
등록일자 | 2004년 1월 7일
전화 | 02) 322-5353
팩스 | 02) 334-0748
주소 | 서울특별시 마포구 서교동 343-12
홈페이지 | www.parabooks.com

ISBN 978-89-93212-25-9(13370)

*값은 표지 뒷면에 있습니다

건전하고 솔직하게 자라면, 기품 있는 아이가 된다

'요즘 아이들은 예전과 다르다'는 말을 자주 듣습니다. 그러나 저는 아이의 본질은 지금도 변함없다고 항상 말합니다. 단지 아이를 둘러싼 환경이 바뀌었을 뿐이죠.

가족구성의 변화, 저출산화, 부모의 사회활동, 사회 보육화 등 바뀐 사회적 환경에 따라 부모가 아이를 대하는 방법 역시 변하고 있습니다. 아침식사를 거르고 등교하는 초등학생이나 중학생의 수가 늘고, 주말이 아닌데도 밤늦게 어린 아이를 데리고 전철이나 버스에 오르는 부모들의 모습도 자주 보이지요. 이는 어른의 생활영역에 아이를 끌어들이기 때문은 아닐까요? 그렇다면 요즘 아이들이 예전과 다른 것은 당연하겠지요.

부모로서 아이를 위해 가장 먼저 해야 할 일은 아이에게 맞는 환경을 갖추는 것입니다. 예컨대, 매일 서로를 건강하게 배웅하고 맞이하는 말을 나눌 수 있는 가정, 그런 부모와 자녀였으면 합니다. 집안에서 아이의 이름을 부를 때 '예!'라고 대답하는 목소리가 들리면 부모의 마음은 밝아집니다. 그러나 부모 스스로 제대로 소리 내어 인사하지 않으면 아이 역시 소리 내어 말하게 되지 않습니다. 병원 접수창구 같은 곳에서 자기 이름을 호명될 때 소리 내어 대답하는 사람은 의외로 적습니다.

아이는 자주 장난을 칩니다. 실패도 합니다. 그래서 주의를 받거나 꾸지람을 들을 때도 '미안합니다'라고 솔직히 사과할 수 있는 아이였으면 합니다. 또 착한 일을 하거나 집안일을 거들어 칭찬을 받았을 때는 고마운 마음이나 기쁜 마음을 자연스럽게 드러내는 아이였으면 합니다. 그러기 위해서는 부모가 환경이 되어주어야 하지요. 먼저 고마워하고 사과해야 합니다.

저는 모두 44년간 초등교육에 종사했습니다. 초등학교에 다니는 6년은 깁니다. 이 기간 동안 아이들의 성장과 발달은 놀랍도록 현저합니다. 8세부터 13세까지의 아이들은 정신적으로도 신체적으로도 비약적으로 성장하고 진보하며 변화합니다. 초등 3학년까지의 저학년과 4학년부터의 고학년은 놀라울 정도로 모든 면에서 다른 성장과 발달을 보여주지요.

지난 경험을 통해 제가 말할 수 있는 것은 가정에서의 교육이 얼마나 중요한가 하는 것입니다. 초등학교에 들어가기 전까지 익힌 것은 그 두

배의 세월을 거치지 않으면 변할 수 없다고 생각했으면 합니다.

장래에 품격 있는 인물이나 기품 있는 어른이 되려면 어릴 때부터의 가정교육이 중요합니다. 어릴 때부터 시작하지 않으면 어른이 되고 나서는 어렵습니다.

그렇다고 어려운 일을 해주기를 바라는 마음은 전혀 없습니다. 그저 부모의 형편에 따라 아이의 성장이나 발달이 늦춰지지는 않는다는 것을 기억해주시길 바랍니다. 시간이 지나면, 좀 더 자라면 다 될 거라고 믿고 기다려서는 안 됩니다. 인생에 있어 어린 시절은 그만큼 중요한 시기인 것입니다. 자신을 갖고 애정을 담아 육아에 임해주었으면 합니다.

다카하시 요시오

5장 상황별 실전편

1장

'기품 있는 아이'란?

01

아이에게 품격은 있을까?

원래 '품격'이라는 말은 아이에게 사용하기에 적절한 말은 아닙니다. 아이는 아직 성숙이 덜 된, 성장과정에 있는 존재입니다. 긴 시간을 들여 익힌 것이나 반복해서 형성한 것도 없습니다. 완성된 인격이 아니라 아무것도 갖추지 않은 상태에서 자라나는 과정에 있는 것이 바로 아이지요.

그렇기는 하지만 아이에게도 '품격'이나 '기품'은 필요합니다. 물론 아이에게 요구되는 품격과 기품은 국가나 어른에게 요구되는 것과는 다릅니다. 아이에게는 '아이다운' 품격과 기품이 있지요.

분명 아이는 아직 미숙합니다. 그렇지만 어리기 때문에 모든 행동이

용서받는 것은 아니지요. 그렇다고 아이가 어른과 같은 상식이나 매너를 갖출 수는 없습니다. 그 연령에 맞는 상식, 성장단계에 맞는 정신적인 성숙도, 발달상황에 적합한 사고방식을 제대로 갖추는 것이 중요합니다. 그리고 그러한 것이 몸에 배어 있는 아이는 나름의 품격과 기품을 느끼게 합니다.

실제로 지금까지 교사인생에서 어린데도 기품 있고 품격을 느끼게 하는 아이들을 더러 만났습니다. 이제 겨우 여섯 살인데도 기품을 느끼게 하는 아이도 있었습니다. 초등학교 1학년 교실 문을 열고 들어가는 순간, 풍기는 분위기가 다른 아이를 발견하는 경우도 있습니다.

그런 아이들을 만날 때마다 어떻게 기르면 이렇게 자랄 수 있는지, 무엇보다 어떤 부모인지가 정말 궁금했습니다. 그래서 꾸준히 관찰하고 이야기를 듣는 가운데 알게 된 것이 하나 있습니다. 이런 아이들은 주입당한 것이 아니라 어디까지나 자연스럽게 익힌 예절과 매너를 갖추고 있다는 것입니다.

이는 타인을 배려하는 친절함이 바닥에 깔려 있기 때문에 가능한 것입니다. 억지로 가르쳐 주입하는 것이 아니라 생활이나 놀이 가운데 아이가 자연스럽게 익혀야 하는 거지요. 결국 기품 있는 아이를 만드는 것은 부모가 만든 환경이었다는 말입니다.

아직 성숙과정에 있다고 해도 아이에게는 아이에게 맞는 품격과 기품이 있습니다.

02

기품 있는 아이들의 공통점

기품을 느끼게 만드는 품위란, 사람이 갖추어야 할 바람직한 모습입니다. 말하자면, 아이의 경우 '아이다움'을 말하지요.

아이가 아이답게, 바람직한 아이로 자라는 데에는 부모의 마음가짐과 사랑이 중요하다는 것은 말할 필요도 없을 것입니다.

어린아이란 수다스럽고 지저분하며 말을 잘 듣지 않는 존재일 뿐이라고 생각하는 부모라면 기품 있는 아이로 자라게 할 수 없습니다. 반면 부모가 아이는 성장과정 속에 있다는 것을 인식하고 사랑으로 키운다면, 아이는 아이다움과 함께 자연스럽게 배어 있는 기품을 갖추어갈 것입니다.

그럼 구체적으로 어떤 아이가 기품 있는 아이일까요? 이제까지 제가 만난 기품 있는 아이들에게는 눈에 띄는 공통점들이 있었습니다. 그런 점들 때문에 그 아이들에게 기품을 느끼게 되는 것이죠.

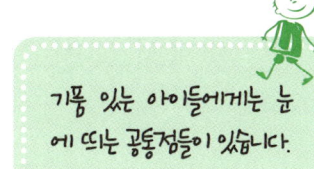

지금부터 그 아이들에게서 공통적으로 발견할 수 있는 모습을 하나하나 살펴보겠습니다.

스스로 배우고자 하는 아이 \|\|\|\|\|\|\|\|\|\|\|\|\|\|\|

스스로 배운다는 것은 주어진 과제를 스스로 하는 차원이 아닙니다. 적극적으로 사물을 이해하려는 자세입니다. 이제까지의 경험에 따라 터득한 것을 받아들여 자기 안에서 그것을 펼치고, 나아가 더 깊게 하려는 마음을 갖는 것입니다.

이러한 자세는 주변에 늘 관심을 갖고 관찰하고 귀 기울인 데서 비롯됩니다. 그래서 새로운 것에도 적극적이게 합니다. 모르는 것에 대해서는 알고 싶은 마음을 가지게 하지요. 그리고 그것이 '스스로 배우고자 하는 아이'를 만드는 것입니다.

생각하고 연구하는 아이 ||||||\|\||\||\|\

평소와 조금 다른 것이나 특별한 상황에 맞닥뜨렸을 때 대부분의 아이들은 당황하거나 외면하지요. 또 더러는 관심을 보이기는 하지만 이해하거나 해결하기 위해 궁리하지는 않습니다. 반면 미지의 문제를 만났을 때 한발 멈춰 서서 어떻게 하면 해결할 수 있을까 생각하고 아이디어를 짜보며 서로 거드는 아이들이 있습니다. 이런 아이들을 보면 기품이 느껴지지요.

이런 모습은 평소 무엇이든 너무 쉽게 얻는 아이들에게서는 찾아보기 힘듭니다. 무엇이든 바로 사용하거나 바로 먹을 수 있는 상태로 제공받는 아이들은 스스로 생각하거나 연구하는 습관을 갖지 못합니다. 새로운 것을 만났을 때 도전할 생각은 하지도 못하고 금방 포기하고 맙니다. 또 어떻게 해야 좋을지 알지 못해 기다리기만 하는 아이가 되기 십상이지요.

스스로를 높일 줄 아는 아이 ||||||\|\||\||\|\

지금보다 더 나아지려는 노력은 발전하는 데 꼭 필요한 동시에 그 사람을 돋보이게 하지요. 게다가 스스로 그런 노력을 하는 사람은 더욱 돋

보입니다. 아직 어린 아이가 이런 모습을 보
인다면 어떨까요? 지금보다 더 나아지기 위
해 생각하고 스스로 움직이는 아이, 선생님
이나 부모의 도움 없이 스스로 행동하여 성
장해 나가는 아이에게 기품이 느껴지는 것
은 당연하겠지요.

높은 곳에 목표를 두고 노력하
는 아이는 기품 있어 보입니
다. 부모의 칭찬은 아이를 더
욱 노력하게 만들지요.

무기력한 사람은 스스로를 높일 수 없습니다. 또 높은 목표를 가질
수 없다면 변화할 방법도 없습니다. 어릴 때부터 좋은 것, 뛰어난 것,
가짜가 아닌 진짜를 체감하게 해주는 것이 중요합니다. 높은 수준을
알고 있으면 스스로 보다 높은 곳에 목표를 두고 다가가려는 마음이 생
깁니다. 또 아이의 행동을 지켜보고 칭찬해주는 부모의 관심이 필요합
니다. 이것은 더 나아지려는 아이의 노력으로 이어지지요.

상대의 입장을 생각하는 아이 ⑴⑴⑴⑴⑴⑴⑴⑴

'양보하는 마음'이 보이는 아이에게서도 기품을 느낍니다. 양보는 상
대를 배려하는 마음에서 나옵니다. 상대의 입장을 생각하지 못한다면
할 수 없는 일이지요.

태어날 때부터 상대를 생각하고 배려할 수 있는 사람은 없습니다.

다른 사람들과 접촉하는 다양한 경험을 통해 자기와 상대의 차이를 이해하고 다른 사람의 기분을 살필 줄 알게 되지요.

인위적으로 끊고 맺을 수 없는 가족 사이에는 문제가 생겨도 저절로 해결되는 경우가 많습니다. 그러나 다른 사람은 다릅니다. 때로는 싫은 느낌이 들기도 하고, 납득하기 어렵거나 실패하는 경험을 할 수도 있습니다. 하지만 그 모든 경험이 상대방의 입장을 생각하는 아이로 성장하게 하지요.

아이는 가장 먼저 가정 내에서 부모와의 관계를 경험하게 됩니다. 부모와 자녀의 관계가 특별히 중요한 까닭이 여기에 있습니다. 보통 부모는 모든 것을 아이에게 맞추는 경향이 있습니다. 이야기의 내용이나 대화의 수준 등은 아이의 눈높이에 맞추는 것이 당연합니다. 하지만 아이의 말을 무조건 존중하는 태도는 아이의 성장을 가로막을 수도 있습니다.

아직 어린 아이라 해도 상대방의 입장은 다를 수도 있다는 것을 분명히 가르쳐 주어야 합니다. 부모 역시 다르다는 것을 이해시켜야 하지요. 물론 서로 다른 입장이 부딪치는 상황에 대처하는 태도나 해결방법을 찾는 것에 대해서도 이야기를 나눠야 하겠지요.

부모의 이러한 자세가 상대를 배려하는 아

> 대화할 때 아이의 눈높이에 맞추는 것은 당연합니다. 하지만 아이의 말을 무조건 존중하는 태도는 아이의 성장을 가로막을 수도 있습니다.

이를 만듭니다. 부모와의 관계에서 상대를 생각하는 태도가 자연스럽게 몸에 배게 되는 것입니다.

상황에 맞추어 행동할 줄 아는 아이 ꟼꟼꟼꟼꟼꟼꟼꟼ

학교에서 아이들을 지도하다 보면 상황에 맞추어 행동하는 것이 얼마나 중요한지 매순간 느끼게 됩니다. 예컨대, 소풍 갈 때 뒤처지지 않고 걷는 것, 운동회에서는 줄 맞추어 행진하는 것 등은 상황에 맞게 걸을 줄 아는 것입니다. 그야 당연한 것 아니냐고 생각하겠지만, 주위 친구들과 맞추어 걷는 일이 아이들에게는 쉽지 않습니다. 실제로 잘하지 못하는 아이들도 많지요.

행진할 때 발을 맞추는 것은 왜 필요할까요? 한 사람 한 사람이 의식적으로 맞추려고 노력해야 가능하기 때문입니다. 함께 낭독할 때도 마찬가집니다. 친구들의 소리에 귀를 기울이고 목소리를 맞추어야 하지요. 이러한 사소한 활동을 통해 아이들은 다른 사람과 상황에 맞추어 행동하는 방법을 배우게 됩니다.

공원을 산책할 때 아이와 손을 잡고 걸어보세요. 원래 산만해지기 쉬운 아이에게는 일정한 길을 일정한 보폭으로 걷는 것이 의외로 어렵습니다. 부모와 손을 잡고 걷는 것은 아이가 보조를 맞추기 쉽게 해줌니다. 아이가 달려 나가면 맞잡은 손에 조금 힘을 주어 늦추어줍니다. 필요 이상으로 느린 아이에게는 부모의 속도에 맞추도록 잡아끄는 느낌으로 조절해줍니다. 단지 그것만 계속해도 아이는 상대와 맞추어야 한다는 것을 알게 되지요.

손을 잘 사용하는 아이 \|\|\|\|\|\|\|\|\|\|\|\|\|\|

손을 잘 사용한다는 것은 특별한 손재주를 가졌다는 의미는 아닙니다. 연령에 맞는 범위 내에서 손이나 손가락을 제대로 사용할 줄 알면 충분합니다. 그것이 아이의 기품과 무슨 관계가 있을까 의아하게 생각할지도 모르겠습니다. 그러나 아이에게 손으로 하는 일이 얼마나 중요한지, 다양한 경험이 왜 필요한지를 생각해보면 고개를 끄덕이게 될 것입니다.

손을 잘 사용할 줄 안다는 것은 그 연령까지 손을 사용하는 경험을 많이 쌓았다는 뜻입니다. 늘 밥을 떠먹여주는 부모 밑에서 자란 아이는 손을 사용하는 데 서툽니다. 손을 잘 사용하지 못한다는 것만으로도 앞으로 무엇을 하든 어려움을 겪을 수 있지요. 게다가 부모의 과잉보호로 인해 제한된 경험만 해온 아이라면 어려움에 직면했을 때 이를 헤쳐 나갈 힘을 내지 못할 수도 있습니다.

정말로 아이를 생각한다면 위험하다고 막지만 말고 가위든 칼이든 아이가 흥미를 보이면 맡겨보세요. 위험을 충분히 일깨워준다면, 아이에게는 안전한 도전과 성취의 경험이 될 것입니다.

또 손을 잘 사용한다는 것은 뇌에 충분한 자극을 주고 있다는 뜻이기도 합니다. 최근에는 뇌 트레이닝 등 뇌를 자극하는 방법들이 화제가 되고 있는데, 특히 아직 어린 아이들에게는 중요한 일이지요.

정말로 아이를 생각한다면 위험하다고 막지만 말고 안전한 도전과 성취의 경험을 할 수 있도록 배려해주세요.

안전과 건강에 유의하는 아이 |||||\|\|\|\|\|

아이들에게 위험한 행동을 하지 않는다는 것은 상당한 주의가 필요한 일입니다. 다양한 경험을 하지 못한 아이들에게는 특히 어려운 일이지요. 그래서 무엇보다 안전에 유의하는 습관은 몸에 배지 않으면 안 됩니다.

아이들은 늘 위험에 노출되어 있습니다. 범죄나 교통사고 등 사회적 위험이 도사리고 있는 것은 물론이고, 사소한 행동으로 본인이 다치거나 친구를 다치게 할 수도 있지요. '아이는 눈 깜짝 할 사이에 다친다'

는 말은 정말 맞는 말입니다. 위험한 행동을 피하고 차분하게 행동할 줄 아는 아이에게 기품이 느껴지는 것은 당연합니다.

건강에 관해서도 마찬가지입니다. 식사할 때 편식하지 않고 잘 씹어 먹는 아이에게는 기품이 느껴집니다. 청결을 유지할 줄 아는 아이도 마찬가지입니다.

아이가 안전과 건강에 유의하는 것은 부모 하기 나름입니다. 위험은 아이를 피해 지나가지 않습니다. 따라서 구체적으로 무엇이 위험한지, 위험한 행동이 어떤 것인지 제대로 알려주어야 합니다. 또 위험을 피하는 방법이나 위험한 것에 다가가지 않게 가르쳐야 하지요. 물론 말만으로 배울 수 있는 것은 아니므로 집안에서든 밖에서든 구체적인 상황과 장소에서 이야기하는 것이 더 좋겠습니다.

식사를 하거나 간식을 먹을 때에는 영양소나 편식에 대한 이야기를 해줍니다. 음식을 먹는 동안 각각의 음식이 어떤 맛인지 표현해보게 하고 멋진 표현이 나올 때마다 칭찬하는 등의 방법으로 음식을 골고루 먹게 할 수도 있습니다. 그와 더불어 편식이 왜 건강에 좋지 않은지, 잘 씹는 것이 왜 중요한지 등을 이야기해주면 아이도 점차 관심을 갖게 되지요.

식사 전이나 외출 후 집으로 돌아왔을 때 손을 씻는 등 청결을 유지할 줄 아는 것 역시 평소 습관을 들여야 하는 것입니다.

사물과 생명을 소중히 여기는 아이 ||||||\||)||\|||

사물을 소중히 여기는 사람은 어른이든 아이든 기품 있어 보입니다. 반대로 사물을 조잡하게 다루는 모습에서는 기품을 느끼기 어렵지요.

그런데 말하기는 쉽지만 실제로 행하기는 어려운 것이 사물을 소중히 여기는 것이 아닐까요. 그럴 생각을 가지고 있고 평소 주의를 기울이는 사람이라 해도 소중히 여기는 대상이 한정된 경우가 많습니다. 자녀가 사물을 소중히 여기는, 기품 있는 아이로 자라길 바란다면 먼저 부모가 평소 물건을 쉽게 쓰고 쉽게 버리지는 않는지 돌아볼 필요가 있습니다.

생명을 소중히 여기는 것에 대해서도 같은 말을 하고 싶습니다. 아이에게 생명이 얼마나 소중한지를 일깨워주고 싶다면 우선 부모의 평소 생활을 되돌아보아야 합니다. 예컨대, 집에서 기르는 개만 귀여워하고 옆집 개는 싫어하거나 만에 하나 괴롭히기라도 한다면 아이는 생명을 소중히 여기는 것의 의미를 올바르게 이해하지 못합니다.

모기나 파리 같은 해충을 구제하기 위해 살충제를 사용할 때에도 설명해주는 것이 좋겠습니다. 이 곤충들은 우리의 건강에 해

> 평소 사물을 소중히 여긴다고 생각하는 사람도 그 대상이 한정된 경우가 많습니다. 평소 물건을 쉽게 쓰고 쉽게 버리지는 않는지 돌아보세요.

를 입힐 가능성이 있으므로 위생이나 예방의 관점에서 살충제를 사용해야 한다고 말입니다.

　사람의 생명에 대해서는 말할 필요도 없지요. 특히 죽으면 두 번 다시 되살아나지 않는다는 것을 가르쳐야 합니다. 하지만 여기에는 조금 어려운 점이 있습니다. 병에 걸리거나 나이가 들고 죽음에 이르는 과정을 아이가 납득하도록 설명하기가 난감할 때가 있지요. 본인과 직결되는 문제이기 때문입니다. 하지만 누구나 살아가는 동안 반드시 겪게 되는 과정이므로 이것 역시 아이의 이해 정도에 따라 설명할 필요가 있습니다.

　건강에 문제가 생기거나 신변에 불행이 닥친 경우, 그 자체는 슬픈 일이라 해도 아이의 성장에 좋은 영향을 미치는 경우는 많습니다. 가령 감기에 걸렸을 때 주변 사람들의 배려나 마음씀은 생명의 소중함을 알도록 이끌 수 있습니다.

무엇보다 먼저
'우리 아이'와 마주하기

아이를 키우다 보면 누구나 어떤 아이로 자라 주었으면 좋겠다는 바람을 가지게 됩니다. 또 저마다 이상적이라고 생각하는 아이상을 가지게 되지요. 앞에서 열거한 기품 있는 아이에게서 나타나는 공통점을 익힌 아이라면 부모들이 생각하는 이상적인 아이로 자라는 데 별 문제가 없을 깃입니다.

그런데 재미있는 것은 아이를 키우고 가르치면서 부모도 배운다는 사실입니다. 지출 줄 모르는 아이의 질문에 대답하기 위해 인터넷으로 검색하거나 학교를 졸업한 이후 사용하지 않던 사전을 찾아 뒤적이게 되지요. 게다가 아이들의 질문은 어찌나 생뚱맞은지 적절한 답을 찾느라 진땀을 빼야 하기도 합니다.

하지만 부모가 배우는 것은 지식만이 아닙니다. 갖추었으면 좋겠다고 생각하는 예절과 생활습관 등을 아이에게 가르치다 보면 스스로를 돌아보게 되지요. 부모로서 아이에게 부끄럽지 않은 모습을 보여야 하니까요. 그래서 평소 별 생각 없이 하던 말과 행동도 고치고, 생활습관도 바로 잡습니다. 또 상황에 맞는 적절한 예의범절도 갖추게 되지요.

이처럼 아이에게 여러 가지를 익히게 하는 것은 상호작용 속에서 이루어집니다. 아이와 부모가 주고받음으로 진행되는 것이지요.

아이를 이상적인 아이로 키우기 위해서는 부모의 노력이 반드시 필요하지만, 부모의 생각을 강요해서는 안 됩니다. 아무리 이상적인 것이라 해도 강요는 결코 아이를 위한 일이 될 수 없습니다. 이것만큼은 가르쳐두었으면 하는 것들은 부모 스스로도 갖추고 있는 것이 중요하지요. 그래야 아이도 자연스럽게 익혀 몸에 배게 되는 것입니다.

그런데 아이에게 무엇보다 먼저 익혀두어야 할 것은 어떤 것일까요? 아이를 키우다 보면 부모는 욕심이 많아집니다. 악기 연주나 그림 그리기 등 특기 하나쯤은 갖게 하고 싶고 무엇보다 공부에서 우수한 성적을 거두게 하고 싶지요. 그래서 피아노를 가르치고 좀 더 자라면 바이올린이나 플루트 같은 악기를 하나 더 가르치게 됩니다. 어릴 때부터 영어를 시작하고 수학 문제집을 풀게 합니다. 국어가 부족하면 국어 전문학원에 보내고 과학이 부족하면 과학 전문학원에 보내지요. 이렇게 하나둘 아이가 배우는 것은 늘어갑니다.

그렇다고 아이가 정말 익혀야 할 것을 고르게 익히고 있는 걸까요? 아이가 배우는 것이 늘어간다지만, 이런 식이라면 한쪽으로 치우친 육아가 되기 쉽습니다. 부모의 욕심이 많아질수록 아이에게 정작 필요한 것을 익힐 기회는 잃기 쉽습니다.

중요한 것은 아이가 무엇보다 먼저 사람으로서 갖추어야 할 것들을 익히는 것이겠지요. 그러기 위해 부모가 가장 먼저 해야 할 일은 '우리 아이'와 마주하는 것입니다. 지금 우리 아이가 어떤 것에 흥미를 갖고 있는지, 무엇을 좋아하는지, 어떤 성질과 성격을 갖고 있는지…… 잘 살펴보세요. 그렇게 하면 그 아이가 뻗어나갈 방향도 보입니다. 또 우리 아이에게 맞는 이상적인 아이상도 알게 되지요.

04

'아이다움'을 잃은 아이들

'여자답다'거나 '남자답다'와 같은 말은 차별적인 용어입니다. 여성과 남성을 구별 짓는 것에서 나아가 성차별을 불러올 여지가 있는 말이지요. 하지만 '아이답다'는 다릅니다. 매우 중요하고 필요한 것이지요. 아이가 아이답게 존재하지 못하는 세상은 일그러진 세상일 테니까요.

'아이다움'이란 어떤 것일까요? 일찍부터 공부해 폭넓은 상식을 갖춘 '영리한' 아이를 말하는 것이 아님은 분명합니다. 몸도 마음도 건강하고 솔직한, '기품 있는' 아이야말로 진정 아이다운 아이가 아닐까요?

최근 아이들이 이상하게 어른스러워지고 있는 것은 부정할 수 없는 현실입니다. 늦은 밤, 다양한 모임, 수준 높은 대화와 지식 등 시간적

공간적으로 예전에는 허용되지 않던 어른들의 생활에 익숙한 요즘 아이들은 예의 바르고 어른들의 기호에 맞는 아이로 자랍니다. 성적도 좋고 예의도 바른, 소위 '엄친아'가 되는 거죠.

예의 바르고 영리한 요즘 아이들에게는 아이다움이 느껴지지 않습니다. 지나치게 큰 옷을 입고 있는 것처럼 불편해 보이죠.

문제는 이처럼 예의 바르고 영리한 아이들에게서 아이다움이 느껴지지 않는다는 것입니다. 마치 몸에 맞지 않는, 지나치게 큰 옷을 입고 있는 것처럼 불편해 보입니다. 아이가 느끼는 불편함은 우리가 보는 것 이상이겠지요. 심한 경우 학교에 적응하지 못하고 등교거부에 이르는 경우도 더러 있습니다. 아이답지 않은 아이를 보면 앞일이 걱정되고 불안해집니다. 주입당하고 만들어진 아이에게서는 기품이 느껴지지 않는 것은 말할 것도 없고요.

평소 아이들의 행동과 말에 주의를 기울여보세요. '착한 아이'라고만 여긴 우리 아이가 몸에 맞지도 않은 어른스러운 옷을 입고 불편해하고 있지는 않은지, 아이다움을 잃고 있는 것은 아닌지 말이에요. 특히 다음과 같은 행동을 보인다면 아이가 불편해하고 있다는 뜻이지요.

지나치게 조심스럽고 소극적이다

아이는 원래 거리낌이 없습니다. 아주 적극적이죠. 나서고 싶어 하고 눈에 띄고 싶어 하는 것은 아이의 본성입니다. 물론 소심하고 부끄

러움이 많은 아이들이 있기는 합니다. 하지만 지나치게 움츠러들거나 자신감이 없는 아이는 부모의 주의가 필요합니다.

어른 같은 말투를 사용한다

'당치도 않습니다', '죄송합니다' 같은 말투는 아이에게 자연스럽지 않습니다. 아이에게 정중한 말투를 가르치고 싶은 마음은 충분히 이해합니다. 하지만 부자연스러울 정도로 어른스러운 말투를 주입하는 것은 피했으면 합니다.

표정이 발랄하지 않다

희로애락을 있는 그대로 드러내지 않는 아이가 있습니다. 조용해야 할 자리에서 조용하는 것과 감정을 꼭꼭 닫아두는 것은 다릅니다. 감정을 억누르는 아이에게서는 살아 있는 눈빛이나 발랄한 표정을 볼 수 없습니다. 혹 예절을 가르치기 위해 또는 차분하게 만들기 위해 아이를 너무 강하게 억누르고 있지는 않은지 살펴봐야겠습니다.

지나치게 주변을 의식한다

주변을 너무 의식한 나머지 하고 싶은 대로 행동하지 못하고 하고 싶은 말도 못 하는 아이를 보면 참으로 안타깝습니다. 심지어 주변 사람들이 어떤 반응을 보일지가 걱정되어 아무 말도 하지 못하는 아이도 있었습니다. 물론 이런 경우는 다른 사람을 배려해 말과 행동을 조심하는 것과는 다릅니다. 배려하는 것과 눈치를 살피는 것은 다르니까요.

친구를 내려다본다

아직 어린 아이가 새침하게 '시시해' 혹은 '유치해'라고 말하는 모습을 보면 웃음이 나옵니다. 뭘 알고 저런 말을 하는 걸까 싶어서 말이죠. 하지만 웃고 말 일은 아닙니다. 어른들 생활에 익숙한 아이 가운데에는 또래 아이들과 어울리지 않고 친구들을 얕보는 아이가 더러 있는데, 그러한 의식은 다른 아이들에게도 전달되어 반감을 사게 됩니다. 심한 경우 따돌림을 받을 수도 있지요.

겉과 속이 다르다

쓴소리도 기분 상하지 않게 전달하는 사람들이 있습니다. 하지만 듣기 좋은 말만 골라하는 사람을 보면 마음이 불편해집니다. 그런 말을 하는 사람이 아이라면 더욱 그렇지요. 생각과는 다르게 어른들이 받아들이기 좋은 말이나 행동만 하는 아이, 본마음과 겉으로 보이는 마음을 나누어 행동하는 아이를 보면 마음이 아픕니다.

어떻습니까? 아이에게서 이런 모습들이 나타난다면 마땅히 주의를 기울여야 하지 않을까요?

집에서 가족을 대할 때와 밖에서 다른 사람을 대할 때의 태도가 변하지 않고 솔직한 말과 표현을 할 줄 아는 아이는, 만들어진 착한 아이하고는 다릅니다. 다소 큰소리를 내고 자기도 모르게 뛰거나 생각 없이 떠드는 일은 사실 '아이의 품격'을 크게 손상시키는 일은 아닙니다. 강요에 의해 만들어져 어색한 착한 아이에게서는 찾을 수 없는 순수함과 아이다움을 잃지 않는 것이 중요하지요.

특히 곧 초등학교에 입학해야 하는 자녀를 둔 부모는 걱정이 많습니다. 그래서 어른들이 생각하는 착한 아이로 만들려는 경향을 보입니다. 하지만 그렇게 만들어진 아이를 반기는 초등학교는 없습니다. 입학하기 위해 일정한 절차를 밟아야 하는 유명 사립 초등학교에서도 어른스러운 착한 아이를 요구하지는 않습니다. 어릴 때부터 부모의 욕심 채워넣기로 아이다움을 무너뜨리는 일은 없어야겠습니다. 아이는 아이답게 길러주세요.

아이를 기른다는 것은 강요하는 것도 복종시키는 것도 아닙니다. 즐겁게 아이와 접점을 만들어 나가면서 생활하는 가운데, 감사하는 마음이 자라고 사람으로서 살아가는 방법을 배우도록 해야겠지요. 정직하고 타인을 배려할 줄 아는 아이로 성장해 나가기를 바라며 보살피는 부모의 관심과 손길이 기품 있는 아이, 나아가 품격 있는 어른으로 성장하게 합니다.

기품 있는 아이는
이렇게 자란다

01

성장기에 맞는 육아

빠른 성장과 깨진 균형

예전에 비해 요즘 아이들은 키가 무척 커지요. 1960년대와 2000년대의 아이를 비교해보면 키뿐만 아니라 신체 전반적으로 매우 빠르게 자라는 것이 사실입니다. 5~7세 아이의 경우, 1960년대 아이들에 비해 키가 1cm 더 크다고 합니다. 이때 체중은 거의 변화가 없지만 17세가 되면 3~5kg 더 나간다고 하는군요. 아이들의 발육상태가 이처럼 좋아진 까닭은 아무래도 변화된 식생활 영향이 크겠지요.

신체 발육 상태와 식생활만 변한 것은 아닙니다. 수면시간 역시 변화를 보이고 있는데, 초등학생의 경우 약 30분 짧아졌다고 합니다. 중학생은 거의 비슷하지만 한때 1시간까지 짧아진 적이 있고, 고등학생은 약 15분이 짧아졌다는군요. 특별히 눈에 띄는 사항은 예전에 비해 밤을 새우는 아동이나 청소년들이 늘었다는 것입니다.

수면시간의 변화는 아이들이 어른 생활에 더 빨리 익숙해지고 있음을 보여주기도 합니다. 또 나이를 구분하기 어려울 정도로 성인 취향의 옷을 입는다거나, 아주 어릴 때부터 매우 방대한 지식을 갖고 있는 아이들을 볼 때도 성장이 빨라졌다는 걸 실감하게 됩니다.

그런데 이처럼 여러 방면에서 빠른 성장을 보이는 아이들이 정신적인 면(예컨대, 책임감이나 의사소통)에 있어서 예전에 비해 오히려 매우 어리고 미성숙하다는 건 놀라운 일입니다.

제가 어렸을 때에도 요즘 아이들은 철이 없다는 어른들의 걱정을 들으며 자랐는데, 이제는 제가 그런 걱정을 하게 되는군요. 그렇다고 해서 당시와 지금의 상황이 같은 것은 아닌 듯합니다. 여러 면에서 성장이 빠른 아이들이 유독 정신적인 면에서 미성숙하다는 점에서 많은 차이가 있지요.

그러나 아이의 본질은 변하지 않습니다. 한순간의 환경 변화, 외부로부터의 자극 증가에 의해 균형이 깨지는 것뿐이지요. 따라서 주위의 변화에 흔들리지 않고 아이의 성장시기에 맞추어 균형 있게 기르는 것이 필요합니다. 여기에서 제가 말씀드리고 싶은 것은 바로 그 부분입니다.

0~3세, 평생 가는 영유아기의 체험 \|\|\|\|\|\\\|\\\|\\\|\\\|

아이를 둘러싼 주변환경이나 가정교육, 일상생활의 변화는 아이들의 모습도 변화시켰습니다. 그러나 아이의 본질 자체는 결코 변할 수 없지요. 특히 0~3세의 영유아기에는 더욱 그렇습니다.

이때는 아이들의 뇌세포가 눈에 띄게 발달합니다. 이 때문에 많은 학자들이 이 시기의 중요성을 역설하지요. 뇌가 자란다는 것은 지적 능력의 기반이 마련된다는 것 이상의 의미를 갖습니다. 인간으로서 갖추어야 할 성품과 정서의 기반도 함께 형성되기 때문이지요. 따라서 아이가 따뜻한 마음을 갖도록 기르려면 이 시기에 부모의 따뜻한 관심과 사랑이 절대적으로 필요합니다.

간혹 이 시기에 학대나 지나친 처벌을 받아 상처 입은 아이들이 나중에 반항심과 복수심이 생겨 방황하는 청소년기를 보내는 경우를 보게됩니다. 최악의 경우 범죄로 이어지기도 하지요.

'세 살 버릇 여든까지'라는 말은 비단 버릇에 국한되는 것은 아닙니다. 생명을 선물 받아 이 세상에 태어나 스스로의 힘으로 일어서고 걷는 것을 배우는 이 시기 아이들은 세상에 대한 마음도 함께 배운다고 생각해주세요. 세상에 대해 따뜻한 마음을 갖느냐 적개심을 갖느냐를 가르는 중요한 시기인 것이지요.

평생에 영향을 미치는 이 중요한 시기에 부모와 자녀의 스킨십이 부족하지 않도록 신경을 쓰고, 남에 대한 배려, 다정함, 미소 짓는 마음 등을 길러줍시다. 그러기 위해 구체적으로 부모들이 주의를 기울여야 할 것들을 몇 가지 나열해보겠습니다.

평생에 영향을 미치는 이 중요한 시기에 부모와 자녀의 스킨십이 부족하지 않도록 신경을 쓰고, 남에 대한 배려, 다정함, 미소 짓는 마음 등을 길러줍시다.

건강면

건강과 안전한 생활을 위한 기본적인 생활습관, 태도를 길러 건전한 심신의 기초를 다지는 것을 목표로 해주세요. 건강이란 결국 건강한 마음과 몸을 기르는 것입니다. 활달하게 행동하는 것, 몸을 움직여 스스로 운동하는 마음을 먹게 해야 합니다.

건강한 생활습관은 생활에 일정한 리듬을 만들어주고 체내시계를 형성합니다. 이 시기의 목표는 그러한 습관이나 태도를 익히는 것이지요. 그렇다고 특별한 훈련이 필요한 것은 아닙니다. 평소 몸을 청결히 하는 습관, 식사나 배설, 옷 갈아입기 같은 일상 활동을 통해 충분히 익힐 수 있지요. 또 집밖에서 놀 때, 아이가 위험한 장소나 위험한 놀이를 피하도록 신경을 쓰면 그것이 안전한 생활습관의 토대가 됩니다.

인간관계

사람에 대한 애정과 신뢰감을 갖도록 하는 것이 목표입니다. 이것

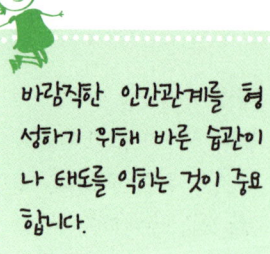

바람직한 인간관계를 형성하기 위해 바른 습관이나 태도를 익히는 것이 중요합니다.

은 도덕성(공중도덕)의 싹을 배양하는 것이기도 하지요.

이 시기 아이들은 가정 내에서 유아원이나 유치원 등의 사회집단으로 인간관계의 폭이 확대되는 경험을 하게 됩니다. 단순히 관계를 맺는 사람들이 많아지는 것뿐만 아니라 질적으로 다른 관계를 경험하게 되지요.

가령 유아원이나 유치원 선생님은 부모와 마찬가지로 어른이지만 부모처럼 아이 하나하나에 맞춰주지는 않습니다. 아이는 지시에 따르고 연장자의 말을 듣는 것에 익숙해져야 하지요. 부모 이외의 연장자에게 친숙함을 갖는 것은 아이에게 좋은 경험입니다.

또래 친구들을 만나기도 하지요. 부모가 배려하는 만큼 아이의 친구는 많아집니다. 유치원이나 집 근처 놀이터에서는 아이와 아이의 생각이 서로 접촉하게 됩니다. 그 가운데 또래들과 관계를 맺게 되고 사이 좋은 친구가 생기기도 합니다. 이처럼 새롭게 맺는 친근한 관계를 통해 아이는 사람에 대한 신뢰를 갖게 되지요.

바람직한 인간관계를 형성하기 위해 바른 습관이나 태도를 익히는 것이 중요합니다. 이미 결정된 것을 지키려는 태도, 모두 사용하는 도구나 장난감을 다루는 데 주의를 기울이는 습관 등이 아이의 인간관계를 바람직하고도 폭넓게 만들어주지요.

친구와 함께 기뻐하거나 슬퍼하는 체험은 새로운 감동이기도 할 것입니다. 친구의 소중함을 깨닫고 상대를 배려하는 법을 배우기도 하고, 고마운 마음이나 미안한 기분도 알게 되지요.

덧붙여, 자기 일을 스스로 하는 습관을 갖는 것도 중요합니다. 남에게 폐를 끼치지 않고 즐겁게 지내는 가운데 아이는 점점 성장하게 될 것입니다.

아이의 흥미나 관심의 촉각을 키우는 일 역시 부모가 염두에 두어야 할 부분입니다. 작은 들꽃이나 풀을 비롯해 자연으로부터 감동을 받게 하세요.

환경에 대한 인식

여기에서 중요한 점은 친근한 사물에 대한 흥미나 관심이 풍부한 심성이나 사고력의 싹을 키운다는 것을 부모가 인식하는 일입니다. 사물의 모양이나 구조, 자연의 변화, 동식물에 대한 친숙함, 생명의 소중함 등을 일깨워주세요.

아이가 이해하기 어려운 것도 많겠지요. 부모가 설명하기 힘든 것도 있을 것입니다. 하지만 중요한 것은 아이가 주변에 대해 호기심이나 탐구심을 갖는 것입니다. 뭔가를 발견하고 파악하여 받아들이거나 그것에 대해 생각하는 아이로 자라야 하니까요.

아이의 흥미나 관심의 촉각을 키우는 일 역시 부모가 염두에 두어야 할 부분입니다. 작은 들꽃이나 풀을 비롯해 자연으로부터 감동을 받게 하세요. 어른에게는 흥미가 없고 신선한 것이 아니라도 아이에게는 모든 것이 새롭고 흥미롭지요. '이거 한번 볼래?'라든가 '재미있겠다!'라는 부모의 말만으로도 아이는 관심을 기울이고 뭔가를 느끼게 됩니다. 만약 아이가 그다지 관심을 보이지 않는다면 부모가 적극적으로 느낀 바를 이야기하면서 관심을 유도하면 좋겠습니다.

일상생활 속에서 수량이나 도형, 표시나 문자, 정보나 시설, 행사 등 사회적인 약속이나 정보에 대한 관심을 이끌어주는 것도 환경에 대한 의식을 기를 수 있습니다.

수는 구슬치기 같은 놀이로 인식하게 할 수 있습니다. 간식으로 나오는 과자의 수와 그것을 다른 사람과 나누는 것으로도 배울 수 있겠지요.

도형의 경우, 인식할 수 있는지 아닌지부터 시작합니다. 우선 각각의 사물의 모양이 서로 다르다는 것을 알아야 하고, 서로 다른 사물들 사이에서 공통된 형태, 즉 도형을 볼 수 있어야 하기 때문이죠. 둥근 것, 사각인 것, 삼각인 것, 상자모양인 것 등 하나하나를 볼 때마다 아이에게 말을 걸어주세요. 일단 모양을 인식하게 되면 다음은 둥근 것들의 모듬이나 구르는 것들 모듬처럼 '같은 종류 찾기' 놀이를 하면 더욱 좋겠습니다.

표시의 경우는 주의사항이 그림이나 도표로 나타나 있으므로 아이도 쉽게 이해합니다. 따라서 부모는 그 내용과 왜 거기에 그 표시가 있는지 등에 초점을 맞추어 이야기해주는 것이 좋겠습니다. 그러면 아이는 그곳이 어떤 곳인지, 이런 곳에서는 무엇을 주의해야 하는지도 함께 알아갈 것입니다. 더불어 세상에서 일어나는 일들, 눈에 보이는 것들에 흥미를 느끼게 되지요.

정보나 시설 역시 마찬가지입니다. 각각 무엇을 위한 것인지, 어떤 기능이 있는지 등을 아이가 이해하든 못하든 일단 이야기를 해줍니다. 그럼 다음 아이가 관심을 보이면 그 아이의 수준에 맞춰 이해가 될 때까지 이야기해주는 것도 중요하지요.

문자는 지금 당장은 아니라도 머잖아 아이 스스로 읽고 써야 할 것이므로 아직 몰라도 된다고 생각해서는 안 됩니다. 아이가 관심을 보이거나 '어떻게 읽어?'라고 물어오면 반드시 읽어줍니다. 아이가 기억을 못 하거나 이해하지 못하는 개념이라도 상관없습니다. 문자 습득에 있어 그때 그 자리에서 흥미를 느끼는 것이 유아기에 꼭 필요한 과정입니다.

축제나 명절 같은 행사에도 관심을 갖고 알도록 하거나 직접 보도록 데려가면 좋겠습니다. 만약 부모도 잘 모르는 것이 있다면 함께 조사해보는 게 좋습니다. 이때 부모도 몰랐던 것을 알게 되어 기뻐하는 모습을 보여주세요. 즉, 아는 것, 보는 것의 기쁨을 체험하게 하는 것입니다.

언어

언어는 어떤 상황에서든 매순간 아이에게 배움의 대상입니다. 옹알이를 하거나 의미가 분명하지 않은 말을 하더라도 열심히 들어주고 적절한 반응을 해주어야 하지요. 그러는 동안 아이는 말하는 기쁨을 느끼고 기쁘게 듣는 태도를 갖게 됩니다. 또 이렇게 오가는 대화에서 언어에 대한 감각이 자라지요.

듣는 것은 대화의 시작입니다. 상대의 말을 듣고 이해할 줄 모르면 의사소통에 어려움을 겪게 됩니다. 의사소통은 일방통행으로는 성립되지 않으니까요. 상대가 자기 말을 주의 깊게 듣는다고 느끼는 순간 대화는 아이에게 지금까지보다 더 큰 의미를 갖습니다. 자신이 한 말의 의미가 상대에게 제대로 전달되었을 때에는 기뻐하지요. 대화를 통해 얻는 기쁨은 자신의 기분을 언어로 표현하는 즐거움으로 이어져, 언어에 대한 흥미를 확대시켜주고 보다 빠르게 언어를 습득하게 합니다.

또 언어는 상상을 펼치거나 상황을 이해하는 데 열쇠가 됩니다. 예컨대 그림책을 앞에 두고 읽어주면 그림에 나타나지 않은 장면이나 다음 장면을 상상하게 됩니다. 그뿐이 아닙니다. 이야기의 내용을 파악하는 것, 흐름을 상상하거나 내용을 재구성하는 것, 등장인물의 기분을 이해하는 것 등 모든 사고활동에 필요한 것이 바로 언어지요.

궁금한 것이 생겼거나 어찌할 바를 모를 때 그것을 해결하는 데에도 언어가 필요합니다. 자신의 생각이나 기분을 전달하는 데에도 언어가 필요하지요.

이처럼 원활한 의사소통 능력을 갖추기 위해 언어를 습득하고 구사하는 능력을 갖추는 것이 이 시기의 아이들에게는 아주 큰 과제입니다. 남의 이야기에 귀를 기울이고 자신을 나름의 언어로 표현하는 것은 살아가는 동안 내내 필요한 일이지요. 그 기반을 만드는 유아기가 중요함은 두말할 필요가 없습니다.

대화의 시작은 듣기입니다. 아이의 말에 귀를 기울이고 열심히 대꾸해주세요.

표현

자신을 표현하는 방법은 정말 다양합니다. 말은 물론 노래나 그림, 몸동작 등도 표현방법이 되죠. 물론 노래나 그림을 즐기는 것도 중요합니다. 하지만 노래하고 그림 그리고 몸을 움직이는 데에도 표현할 내용을 갖는 것, 그리고 그것을 나타내는 힘을 갖는 것이 필요합니다. 그리고 그보다 먼저 이루어져야 할 것이 느끼는 능력을 갖는 일입니다.

무엇이든 풍부한 감수성을 갖고 느끼거나 생각할 수 있으면 표현에 이르지 못합니다. 다양한 체험을 통해 풍부한 감성을 길러야 하는 까닭이 바로 여기에 있습니다. 이렇게 길러진 감수성은 창의력을 높이는 데 이르게 됩니다.

아름답고 뛰어난 것을 많이 접하게 함으로써 감수성을 풍부하게 하고, 표현의 방법이나 수단을 알아 나가도록 도움을 주세요. 영유아기는 이야기, 노래, 춤, 악기 연주, 그림, 장식물 만들기 등등 자기표현의 수단이 눈에 띄게 다양해집니다. 풍부한 감수성과 확장된 표현 방법을 통해 아이는 표현력이 풍부하고 창의력 있는 아동으로 자라게 됩니다.

다시 오지 않는 기회 ⅠⅠⅠⅠⅠⅠⅠⅠⅠⅠⅠⅠⅠ

'임계기'(臨界期)라는 말, 들어보셨나요? 심리학에서 사용하는 이 말은 특정한 자극에 감수성이 높아지는 시기를 뜻합니다. 즉, 이 시기에 적절한 자극을 주면 그에 맞는 적절한 반응이 확립되어 그 이후의 발달에 좋은 영향을 미친다는 거죠. 아이의 경우 4~6세와 10~11세가 바로 이 시기에 해당합니다.

임계기, 특히 제1 임계기인 4~6세는 아이들의 뇌가 자극을 받아들여 발달하는 데 적절한 시기입니다. 인간의 뇌에는 그 능력을 학습할 수 있는 적절한 시기가 있습니다. 이는 다른 말로 그 시기를 벗어나면 한계가 있다는 것이지요. 아이가 새로운 발달 단계로 들어서기 위해서는 적절한 자극이나 환경이 필요하지만, 너무 빨라도 의미가 없고 늦어도 잘 발달할 수 없다는 것입니다.

임계기는 1981년의 노벨 생리의학상을 수상한 토르스텐 비셀(Torsten Nils Wiesel, 1924. 6. 3~)과 데이비드 허블(David Hunter Hubel, 1926. 2. 27~)의 연구로 널리 알려지게 되었습니다. 이들은 눈을 통해 들어온 외부세계의 정보가 뇌에 도달하는 비밀을 밝혀냈다는 평가를 받았는데, 이에 따르면 태어나서부터 받아들여야 할 시각이나 촉각 등의 자극이 없으면 뇌의 구조가 발달하지 못하거나 심지어 이상해질 수 있다고 합니다.

4~6세 그리고 10~11세는 이후의 성장과 발달을 좌우하는 중요한 시기입니다.

4~6세, 하루가 다른 아이들 ⑴⑴⑴⑴⑴⑴⑴⑴

제1 임계기인 4~6세에는 언어의 흡수가 가장 빠른 시기입니다. 언어의 음을 알아듣고 따라하는 것이 가능해지죠. 발음만이 아니라 리듬까지 자연스럽게 습득하므로 미묘한 말투의 차이를 비롯해 돌려 말하기나 사투리 등도 제대로 새깁니다.

게다가 이 시기의 아이들은 최고에 달한 모방능력을 보입니다. 체력, 이해력, 유연성을 겸비하는 시기이기도 하지요. 이를 바탕으로 흉내낼 만한 것, 흥미를 끄는 새로운 것들, 또 이미 알고 있는 것까지

기꺼이 접하고 싶어 합니다. 이런 시기에 다양한 자극을 주면, 언어와 더불어 문자를 익히는 것은 물론 지식에 대한 욕구와 호기심이 점점 늘게 됩니다. 이 시기를 놓치지 않으려면 부모의 자극이 반드시 필요하지요.

많은 부모들이 고역스러워하는 것처럼 이 시기 아이들의 가장 큰 특징은 쉴 새 없이 질문을 쏟아낸다는 것입니다. 보고 듣는 모든 것에 의문이 생기고 마주하는 모든 상황에 대해 알고 싶어 하지요. 그리고 그 모든 것을 부모에게 이야기하고 싶어 합니다. 멈추지 않는 아이의 질문에 일일이 대답하는 일은 실제로 상당히 고역스럽지요.

하지만 이때가 기회임을 기억해야 합니다. 이때만큼 아이가 의문에 맞닥뜨리는 시기, 그것을 말하고 싶어 하고 알고 싶어 하는 시기는 다시 찾아오지 않습니다. 즉, 이때가 아이가 가장 비약적으로 발전하는 시기라는 말이지요. 따라서 아이의 질문에 성의껏 대꾸하고 함께 질문을 해결하는 것은 물론 다양한 자극으로 아이의 의문을 더욱 북돋우어주어야 합니다.

그럼 이 시기 아이들에게 구체적으로 어떤 자극을 줄 수 있을까요? 예컨대 책은 아주 좋은 수단입니다. 독서는 그 양이 늘수록 지적인 호기심을 더욱 자극하지요. 하지만 고유의 쓰임새인 읽는 것 외에도 다양한 놀이에 이용할 수 있습니다. 노래나 리듬을 사용해 읽는 놀이도 할 수 있습니다. 아이가 자주 부르는 노래의 음에 맞추어 책을 읽는 거죠.

또 책을 분류하는 놀이도 할 수 있습니다. 우리가 흔히 하듯 문학, 역사, 철학 등으로 분류하는 것이 아니라 이미 읽은 책과 아직 읽지 않은 책 등 아이의 수준이나 관심에 맞

게 분류합니다. 손으로 만져 책의 두께나 무게, 크기를 비교해보거나 질감을 느끼게 하는 것도 좋습니다.

이 역동의 시기에 아이들은 규칙이나 약속, 무리와 짝을 이루는 것, 관찰이나 기억, 추리와 판단, 순서와 차례와 같은 개념이나 감각도 받아들이게 됩니다. 따라서 간단히 승부가 나는 단순한 놀이나 게임을 이용하면 부모도 아이도 즐기면서 많을 것을 배우게 되지요. 단, 교육이라고 생각하지 말고 즐기기를 권합니다. 매순간 가르치려고 하지 않아도 아이는 매순간 배웁니다. 놀이를 하는 동안 부모가 너무 강한 교육의지를 보이면 오히려 흥미를 잃기 쉽다는 것 기억해주세요.

시계나 시간에 흥미를 갖게 하기에도 좋은 시기입니다. 디지털 시계라면 시간을 파악하기 쉽고 아날로그 시계라면 시간의 경과를 이해하기 쉽겠지요. 시간개념을 익히는 것은 시간관리 습관을 익히는 데에도 도움이 됩니다.

10~11세, 비약적인 성장 |||||\|||\||\|\|

4~6세 이후 또 한번의 비약적인 성장과 변화의 기회가 찾아오는데, 초등학교 3~4학년에 해당되는 10~11세이죠. 저학년과 고학년 사이의 3~4학년은 중학년으로 불리면서 저학년이나 고학년과 구별되는 특징을 보이기는 하지만, 이 아이들 사이에서도 큰 차이가 납니다.

언젠가 3~6학년까지의 학생 약 30명을 인솔해 체험학습에 나선 적이 있었습니다. 함께 활동하는 3학년과 4학년 학생들을 지켜볼 기회를 가진 것이지요. 그런데 딱 1년밖에 차이 나지 않는 이 아이들이 보이는 차이는 놀라웠습니다.

우선, 체력이 다릅니다. 체력은 의욕이나 집중력에도 영향을 미칩니다. 비교적 단순한 사물이라 해도 체력에 따라 의욕을 보이는 정도가 다르고, 그것을 파악하거나 해결하려고 노력하는 방법에도 차이를 보입니다. 3학년은 작은 문제에도 비교적 쉽게 포기하는 경우가 많은 반면 4학년이 되면 '어떻게 하면 해낼 수 있을까' 하고 고심하면서 다양한 방법을 시도하는 집중력과 끈기를 보이지요.

특히 눈을 끄는 점은 계획성에서 나타나는 차이입니다. 수행해야 할 과제를 앞에 두고 3학년 역시 여러 아이디어를 내지만 대부분 떠오르는 대로 말합니다. 그러다 보니 한쪽으로 치우친 생각을 하고 그에 따라 대응하기 쉽지요. 그에 비하면 4학년의 계획성은 무척 어른스럽습니다. 과제를 수행하기 위한 순서나 방법, 역할 등을 제대로 고려합니다. 게다가 현실성이 있는지도 검토합니다. 물론 그렇다고 해서 모든 일이 잘된다는 것은 아닙니다. 그래도 계획성을 갖게 된다는 것 자체가 대단한 진보인 것은 틀림없습니다.

책임감에도 차이가 나타납니다. 3학년은 쉽게 싫증을 내고 계획을 세워도 구체적이지 않으며 단발적입니다. 인간관계에서도 '개인' 중심이므로 스스로의 만족을 더 중요시합니다. 비교적 어려운 일에도 쉽게 포기하지 않고 노력하며 활동단위인 모둠 전체를 배려할 줄 아는 4학년과는 비교되는 부분이지요.

3학년에서 4학년이 되는 동안 아이들의 체력과 흥미, 관심 등은 비약적으로 향상됩니다. 인간관계에서도 모둠을 만들어 서로 의논하고 예상을 하면서 완성을 목표로 일을 추진합니다. 서로 협력해 과제를 수행할 줄 알게 되는 거죠.

3학년과 4학년 사이에서 보이는 이러한 차이는 이 시기의 중요성을 역설합니다. 이 시기가 제2 임계기라고 불리는 이유이기도 하죠.

이 시기 아이들은 또래의식이 급속히 발달해 친구들과 소규모 집단을 만들어 함께 행동하는 것을 즐기게 됩니다. 이 또래집단은 아이에게 가족 못지않은 큰 영향을 미치지요. 바로 이 때문에 '갱에이지'라는 말이 생겼습니다.

그런데 간혹 부모나 교사의 보호나 간섭을 받지 않으려 하거나 의도

아이가 3~4학년이라면 더욱 각별한 관심을 가져주세요. 손이 덜 간다고 기특해 하고 있는 동안 아이의 두 번째 발전 기회는 지나가고 맙니다.

적으로 배척하는 폐쇄적인 성향을 보이기도 합니다. 여러 의미에서 매우 주의를 기울여야 할 시기인 셈이죠.

각별한 관심으로 아이에게 주의를 기울여주세요. 집에서는 휴식과 재충전을 위한 시간을 보내고 활동하는 시간대는 주로 학교나 학원에서 보내기 때문에, 부모가 소홀해지기 쉬운 때이기는 합니다. 또 이전에 비해 부모의 손이 덜 가는 연령대이므로 아무래도 신경을 쓰지 않게 되지요.

하지만 놓쳐서는 안 될 도약의 시기라는 것을 기억해주세요. 이 시기를 지나는 동안 아이가 익히는 것들을 생각한다면 손이 덜 간다고 해서 뒷짐 지고 있을 수는 없습니다.

02

기품 있는 아이로 기르는 부모의 마음가짐

조금 떨어져 지켜보기 \||||\\|\)||\|\|\\

아이들은 하루가 다르게 자라지요. 하지만 일정하게 성장하지는 않습니다. 어느 해에는 눈에 띄게 자라는가 하면 다른 해에는 거의 자라지 않는 것처럼 보이기도 합니다. 정서나 지능의 발달도 마찬가집니다. 예컨대 어휘가 하루가 다르게 늘기도 하고 꽤 오랫동안 어느 상태가 지속되기도 합니다. 특히 유아기의 아이는 불균형한 성장을 하지요. 하지만 부모는 늘 균형 잡힌 자극을 주도록 신경 써야 합니다.

성장이나 발달은 변화가 나타나야 비로소 알게 됩니다. 아이는 일정한 과정을 거쳐야 성장하고 그것이 겉으로 드러나기까지는 시간이 필요하지요. 겉으로 드러나지 않는다고 해서 아무 일도 일어나지 않는 것은 아니라는 말입니다. 아이가 불균형한 성장을 보인다 해도 균형 잡힌 자극을 주어야 하는 것은 이 때문입니다.

그렇다고 늘 가르쳐야 한다는 것은 아닙니다. 아이가 꾸준히 성장하고 있다는 것을 염두에 두고 계기를 부여하도록 마음을 쓰자는 것입니다.

아이가 성장해 나가는 걸 보면 참으로 놀랍습니다. 만약 아이가 부모가 가르치는 것만 받아들이고 익힌다면 이처럼 놀라운 발달은 보이지 않을 것입니다. 아이 스스로 생각하고 도전하도록 마음을 써주세요. 부모의 균형 잡힌 자극과 아이의 자발적인 사고능력이 적절히 조화를 이루면 아이의 무한한 가능성은 실제로 드러날 것입니다.

그러기 위해 아이가 흥미나 관심을 보이는 것에 대해 알아둘 필요가 있습니다. 사실 부모만큼 아이에 대해 잘 알 수 있는 사람은 없습니다. 아이가 어릴 때부터 무엇에 흥미를 보이는지 무엇에 다가가려 하는지 충분히 알 수 있지요.

관심을 갖고 아이를 지켜보는 동안 주의해야 할 것은 손을 너무 빌려주거나 필요 이상으로 도움말을 많이 하는 것입니다. 그야말로 지켜보는 것이 중요하지요.

하지만 이것은 쉬운 일이 아닙니다. 시간에 쫓길 때, 아이가 고생하는 것을 볼 때 가만히 지켜보기란 어렵지요. 예컨대, 혼자 옷을 입을 수 있다는 걸 알면서도 시간이 너무 걸리니까 얼른 입혀버리고 마는 경우도 많습니다. 부모가 이렇게 늘 거들고 참견하는 것은 궁극적으로 아이를 위한 일이 아닙니다. 아이를 향해 자꾸 뻗어 나가는 손을 움켜잡고,

> 부모가 늘 거들고 참견하는 것은 궁극적으로 아이를 위한 일이 아닙니다. 아이 스스로 해낼 기회를 주세요.

아이 스스로 해낼 기회를 주세요. 이러한 경험들이 모여 아이를 더욱 성장시킬 것입니다.

아이를 지켜보는 부모가 아이를 격려하고 북돋우어주는 가장 좋은 방법은 칭찬하는 것입니다. 아이가 수정해야 할 행동을 보일 때에도 마찬가집니다. 꾸중이나 체벌은 행동을 멈추게는 하지만 개선하지는 못합니다. 아이의 행동을 개선하고 고르게 성장하도록 하는 것은 칭찬뿐이지요.

칭찬하는 데에도 요령이 필요합니다. 무조건 '잘했다', '착하다'는 등의 말은 아이에게 도움이 되지 않습니다. 칭찬은 실제적이고 구체적이어야 합니다. 실제로 칭찬받을 일을 하고 칭찬받는 것과 그렇지 않은 경우를 아이 스스로도 압니다. 또 판단하는 말보다 사실 그대로를 표현하는 말이 더 효과적입니다. 예컨대, '그림 잘 그렸다'고 밀하는 것보다 '집에 지붕과 창문까지 그렸네!'라고 말하는 것이 더 좋지요. '인사를 참 잘하는구나'보다는 '인사를 해줘서 엄마는 참 기분이 좋구나'라고 말하는 겁니다.

덧붙여, 새롭게 체험한 것이나 경험한 것을 제대로 기억하도록 도와주세요. 가령, 여행을 가서 여러 경험했다면 돌아온 후 당시 사진이나 기념품 등을 보면서 그때 이야기를 나누세요. 그림일기나 여행기 같은 것을 만들거나 지도를 보면서 여행을 반복하는 것도 아주 좋은 방법입니다. 그게 힘들다면 그저 이야기를 나누는 것만으로도 충분합니다.

시야를 넓히는 것 역시 성장의 과정에서 빼놓을 수 없는 부분입니다. 시야는 보고 경험하는 것으로 넓어지는데, 그저 보고 경험하는 것으로 끝나지 않고 그것을 통해 얻은 것을 폭넓게 인식할 수 있도록 배려해주세요.

다양한 관계를 맺도록 배려하기 \\\\\\\\\\\\\\\\\\\\

최근 두드러지는 현상은 아이들 혼자 보내는 시간이 지나치게 늘고 있다는 것입니다. 이처럼 혼자 보내는 시간이 늘면 관계를 맺는 사람들이 줄어드는 것은 당연하겠지요. 지금까지 일관되게 말한 것처럼 아이에게는 다양한 경험이 필요합니다. 형제뿐만 아니라 동네 친구, 친척, 유치원이나 학교 친구 등 서로 다른 연령의 놀이친구는 아이의 성장에 매우 중요한 역할을 하죠.

아이의 인간관계 폭이 좁아지는 것 말고도 아이가 혼자 보내는 시간이 길어지는 것은 그 자체만으로도 걱정스러운 부분이 있지요. 아무래도 그 시간을 텔레비전이나 전자게임, 인터넷으로 보내기 쉬울 테니까요. 이런 경우 가장 큰 문제는 의사소통이 일방적으로 이루어진다는 것입니다.

물론 바쁜 현대에 어쩔 수 없는 일이긴 합니다. 게다가 늘 누군가와 함께 있기를 원하는 경우 혹은 잠시도 혼자 있을 수 없는 경우도 문제가 될 수 있습니다.

아이가 혼자 있는 시간 자체는 전혀 문제가 되지 않습니다. 아이에게도 그럴 필요와 권리가 있으니까요. 하지만 그 시간이 지나치게 길 때에는 부모의 배려가 필요하지요. 평소 아이와 충분히 의사소통하고, 특히 아이 혼자 있는 시간 전후에 충분히 의사소통하도록 해주세요. 아이의 말과 행동에 관심을 기울이고 혼자 한 일을 자랑할 때 기쁘게 반응해주세요.

또 아이가 다양한 인간관계를 맺을 수 있도록 배려해주세요. 특히 '학습'이라고 하면 부모도 선생님도 지식을 채워넣기에 급급해 교과적인 공부만 중요하다는 태도를 취합니다. 그 때문에 어린 아이에게는 별 의미 없을 것 같은 조기교육이 성행하기도 하지요. 그러나 어린 아이는 '놀이'나 타인과의 관계 속에서 매우 많은 것들을 배웁니다. 노는 것 역시 배우는 것이고, 배우는 것은 곧 흉내내는 것임을 기억해주세요. 이것이 아이의 세계이지요.

아이 눈높이와 아이 편중 \\|||||\\|\\|)|\\|\\

건전하고 아이답고 기품 있는 아이로 기르려면, 아이에게 맞는 자극을 주고 아이에게 맞는 환경을 마련해야 합니다. 계속 강조했듯 균형 잡힌 자극은 아이의 성장과 발달에 상당히 중요한 역할을 하지요. 그런데 여기에서 이야기하고자 하는 것은 아이에게는 아이에게 맞는 자극이 있다는 것입니다. 어른과 마찬가지로 몰라서는 안 되는 사항도 있지만, 대개의 경우는 아이의 수준에 맞는 상태가 있습니다. 즉 '아이 눈높이'에 대한 것이죠.

가령 아이에게 생명의 신비를 가르친다고 해봅시다. 식물이 살아 있고 생명활동을 하고 있다는 것을 가르치려 할 때, 정확한 용어와 이론을 장황하게 늘어놓는다고 아이가 다 이해하고 받아들이는 것은 아니지요. 이해는커녕 오히려 싫증을 내거나 관심이 다른 곳으로 옮겨가기 십상입니다.

그런데 예컨대, 아무 설명 없이 나무줄기에 청진기를 대고 소리를 듣게 하면 어떨까요? 그러면 나무가 뿌리에서 흡수한 물을 빨아올리는 소리가 들립니다. 그 소리를 들은 아이는 식물이 정말 살아 있다는 것을 실감하는 것은 물론이고 큰 감동을 받게 되지요.

또 자연 속에서 예술의 원천을 접하게 하는 것을 권하고 싶습니다. 음악회나 미술전시회 등에서 예술적 실체를 접하게 하는 것은 매우 중요한 일입니다. 뛰어난 예술과의 만남은 아이에게 잊지 못할 감동과 영감을 줄 것입니다.

그러나 아직 어린 아이를 데리고 갈 수 있는 음악회나 전시장은 그다지 많지 않습니다. 게다가 아이에게는 그보다 우선 자연과 만나는 게 필요하지요. 자연 속에서 원래 그대로의 색이나 소리, 감촉을 배우는 것입니다. 산책하거나 하이킹을 하면서 나무들의 푸르름, 하늘의 맑은 빛, 다양한 흙의 색깔, 바람소리, 강물소리, 나무껍질의 느낌, 차가운 샘물의 감촉 등등 자연은 그야말로 모든 예술의 원천입니다. 혹 소리를 듣다가 무언가에 걸려 넘어진다 해도 그마저도 아이에게는 좋은 학습이 되지요.

여기에서 중요한 것은 아이 눈높이입니다. 아이에게 맞는 자극을 주어야 한다는 것이지요. 하지만 이것은 '아이 편중'과는 다릅니다. 가령 아이에게 맞춘다고 부모가 유아 언어를 사용하는 것은 아이 편중입니다. 이는 피해야 할 일입니다. 아이가 알 수 있도록 말하는 것과 유아 언어를 사용하는 것은 전혀 의미가 다릅니다. 아이 눈높이란, 아이의 발달 정도에 맞춘다는 의미입니다. 결코 수준을 낮추거나 마음대로 대응하는 것은 아니지요.

부모가 '어리니까 이래도 돼'라는 생각이나 '아이에게는 싼 것도 상관없어', '어차피 모를 테니까 적당해 말해두자'라는 생각으로 아이를 대한다면, 아이는 실체를 이해하기 어렵습니다. 어느 정도까지 가르칠까,

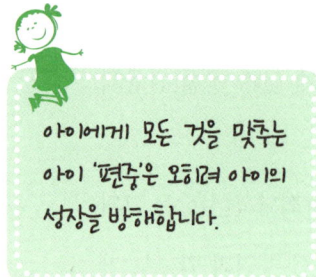

어느 정도 이야기가 아이의 발달에 맞는 것일까, 아이가 알기 쉬운 형태는 어느 정도일까를 고민하고 배려하는 것, 그것이 아이 눈높이를 맞추는 것임을 기억해주세요.

부모만이 할 수 있는 일 \|\|\|\|\|\|\|\|\|\|\|\|\|\|\|

1950년대의 부모들은 아이들에게 세세한 것까지 신경 써주지 못했습니다. 위험에 대한 주의나 예절교육에는 소홀하지 않았지만, 아이에게 이것저것 말해주거나 집중하고 주의를 기울일 수 없을 정도로 바빴지요. 그래서 당시 아이들은 누구나 집안일을 거들거나 때론 도맡아 하면서 자랐습니다.

그때에 비하면 요즘 아이들은 매우 호사스러운 것이 사실입니다. 간단한 심부름조차 시키지 못하는 부모도 많은 것 같습니다. 아무래도 자녀의 수가 줄어든 영향도 있을 것입니다. 또 너무나 소중하게 여기기 때문이기도 하겠지요. 그런데 그 때문에 아이가 당연히 알아야 할 것들을 모르고 지나가는 것은 아닐까요? 만약 그렇다면 매우 불행한 일이지요. 그토록 소중한 아이를 세상물정 모르는 사람으로 만드는 꼴이니까요.

한편으로는 뭐든 학원이나 개인교습을 통해 배우게 하는 경향도 있습니다. 무엇이든 남에게 맡겨버리는 것입니다. 유아교실에 아이를 맡기는 것으로 마음을 놓아버리는 부모도 있습니다. 하지만 부모라서 할 수 있는 일과 부모이기에 해야 하는 일이 있습니다. 이런 것조차 남에게 맡기고 책임을 미뤄서는 안 되겠지요.

부모라서 해야 할 일, 부모만이 할 수 있는 일이 있습니다.

분명, 제3자에게 맡기면 장점도 있습니다. 그 분야에서 보다 전문적인 교육이 가능하다거나 부모로서는 아무래도 어려운 지속성을 담보할 수도 있지요. 또 아이에게는 인간관계의 폭이 넓어지는 기회가 되기도 합니다. 그렇다고 그것으로 모든 것이 해결되지는 않습니다. 이미 말했듯 부모만이 할 수 있는 일이나 부모라서 해야 할 일이 있기 때문이지요.

무엇보다 부모가 함께 행동하며 아이의 흥미나 관심사를 파악하는 것이 먼저입니다. 게다가 그 과정에서 아이의 생각이나 기억하는 방법 같은 습관이나 특성을 알아두면 이후 아이를 가르칠 때에도 많은 도움이 되지요.

03
기품 있는 아이들의 일상생활

일상생활에서 신경 써야 할 것들

매일 생활하는 가운데 부모가 마음먹고 가르친다면 아이에게 매우 가치 있는 일들이 많습니다. 지금부터 이야기하고자 하는 것은 그런 것들입니다.

물론 이 모든 것을 기억하고 실천하기란 쉽지 않습니다. 또 꼭 그렇게 하지 않아도 상관은 없습니다. 다만 늘 관심을 갖고 조금씩 가능한 범위에서 실천하면 되지요.

계절에 따른 행사에 관심을 갖는다

계절에 따라 열리는 다양한 행사들이 있습니다. 설날과 추석 같은 명절은 물론이고 정월대보름이나 단오, 동지 같은 전통을 계승하는 절기도 있지요. 또 지역축제, 식목일, 어버이날, 스승의 날 등 다양한 행사나 기념할 만한 날들도 있습니다.

우리가 우리나라의 정서나 전통을 아는 것은 매우 중요한 일입니다. 미래에 우리나라를 짊어질 아이들은 말할 것도 없지요. 또 이러한 행사를 전승하는 것 역시 중요합니다. 따라서 우선 아이가 흥미를 가질 수 있도록 즐겁게 생활에 도입해주세요. 정월대보름에는 달맞이를 하고 동지에는 팥죽을 먹는 것만으로도 충분합니다.

할로윈이나 크리스마스 같은 외국에서 들어온 행사에만 시선을 빼앗기는 대신, 우리의 멋진 사계절을 살린 행사에 눈을 돌려보세요.

책 읽는 습관을 기른다

부모라면 누구나 자녀가 책 읽는 습관을 갖기를 바랍니다. 하지만 이 또한 쉬운 일이 아니지요. 왜 그럴까요? 어쩌면 부모가 아이들이 책 읽는 즐거움을 알기도 전에 공부의 일환으로서 '해야만 하는 일'이라고 강요하지는 않았을까요?

아이들의 책 읽는 습관은 어른들의 이야기를 듣는 것에서 시작됩니다. 어머니나 아버지가 알고 있는 이야기, 옛이야기, 설화나 민화 등

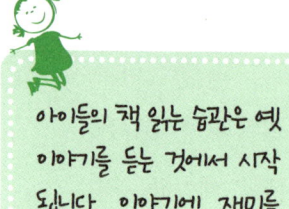

을 들려주는 것부터 시작해보세요. 이야기에 재미를 느끼면 그림책이나 동화책을 읽어줍니다. 이때 아이가 책의 내용에 흥미를 갖게 하려면 그냥 읽는 것보다 '왜 이런 일이 일어났지?' 하고 지난 내용을 상기시키거나, '이제 어떻게 될까?' 하고 아이의 상상력을 자극해주는 것이 좋습니다.

그러면 아이는 이야기의 흐름을 파악하고 앞으로 어떻게 진행될지 흥미를 느끼게 됩니다. 더욱이 나름대로 다음 이야기를 만들면서 상상력도 키워가지요.

아이가 책에 흥미를 느끼기 시작하면 아이의 연령에 맞는 책, 나아가 연령보다 조금 더 수준이 높은 책을 권해봅니다. 그러는 동안 아이는 점점 독서의 재미를 알게 되고 책 읽는 습관을 익히게 되지요.

잘못된 낱말이나 표현에 주의한다

아이의 뇌는 아무것도 없는 백지상태와 다를 바 없습니다. 또 아이가 모국어를 배우는 과정은 외국어를 배우는 것과는 다릅니다. 우리말은 의도적으로 가르치지 않아도 평소 부모가 사용하는 단어를 통해 배우게 되니까요.

따라서 부모가 올바른 낱말과 적당한 표현을 사용해 이야기하도록 신경을 써야 합니다. 아이에게 말할 때는 신조어나 유행어 등은 가급적 피해주세요.

다양한 표현으로 지적 성장을 도모한다

말이 잘 통하지 않는 어린 아이와 대화하기란 어려운 일입니다. 아이에게 맞추어 아이가 이해하는 방식으로 말하는 것이 쉬운 일은 아니죠. 하지만 아이가 '뭐야?'라고 물을 때, 어차피 설명해줘도 잘 모를 거니까 혹은 귀찮아서 '나중에 어른 되면 알게 돼'라고 말해버려서는 안 됩니다. 모처럼 생긴 아이의 지적 호기심을 무시하고 아이가 새롭게 사물을 알 기회를 빼앗는 것입니다.

아이가 스스로 흥미를 나타낼 때가 최고의 기회입니다. 그 기회를 꼭 살려야 합니다. 만약 아이가 이해하지 못한다면 다른 낱말로 바꾸어 말하는 노력을 해보세요. 부모의 말을 전부 다 이해하는 것은 아이에게도 어려운 일이지만, 낱말 하나로 아이의 이해력을 높이는 경우는 많습니다.

따라서 평소에 낱말을 바꿔 말할 준비를 해두는 것이 좋겠습니다. 가령 아이가 '빨갛다'라고 말했을 때 '그래, 새빨갛네'라고 약간 나르세 표현하거나 '그래, 빨간 꽃이네'라고 덧붙여 말하면 아이의 어휘는 놀랍게 늘지요.

과잉보호, 과잉간섭을 하지 않는다

아이가 말하는 대로 다 받아주는 것은 옳을까요? 외동아이들이 많아서인지 요즘 아이들은 왕자님이나 공주님처럼 자랍니다. 그래서 제멋대로인 부분이 없지 않지요.

과잉보호하지는 않는다고 생각하시나요? 그렇다면 생각해보시지요. 위험하다는 생각에 아이의 도전을 막거나 아이 혼자서도 충분히 할 수 있는 일을 대신 해준 적은 없는지 말입니다. 간혹 아무 생각 없이 그러한 행동을 하고 있다면, 아이의 능력이 성장하는 것을 막는 일임을 기억해주세요. 또 부모의 그런 태도는 누군가가 도와주겠거니 하고 기대는 나약한 아이로 자라게 합니다.

과잉간섭에도 폐해가 있습니다. 아이를 가만히 지켜보지 못하고 뭐든지 일일이 말참견을 하면 아이는 지시만 기다리기는 사람이 되어버립니다. 또 아이의 방법을 다짜고짜 꾸짖고 고치게 하는 경우, 부모는 아이가 왜 그런 방식을 선택했는지 알 수 없고 아이는 왜 그것이 좋지 않은지 알 수 없게 됩니다. 그리고 결국 아이는 시키는 일 외에는 할 수 없게 되지요.

부모의 태도는 아이를 통해 드러납니다. 예컨대, 1학년 첫 건강진단에서 옷을 입고 벗는 모습이나 정돈하는 모습만 봐도 알게 되지요.

과잉보호는 나약한 아이로 만들고, 과잉간섭은 시키는 일 외에는 할 수 없는 아이로 만듭니다.

집안 공간 활용 |||||)|)||)||\

요즘은 아이의 개성이나 프라이버시가 과도하게 존중되고 있다는 생각이 들 때가 있습니다. 아직 태어나지도 않은 아이의 방을 꾸미는 경우도 있고, 이제 막 걷기 시작한 아이의 방을 만들어주는 경우는 많지요.

그런데 아직 어린 아이에게 방이 정말 필요할까요? 아이의 방을 만들어주고 싶은 부모의 마음도 이해는 되지만, 초등 저학년 정도까지는 아이가 자기 방에 혼자 있게 하는 것은 피했으면 합니다. 더구나 방에 자물쇠 같은 것을 두는 것은 더더욱 피해야 할 것입니다.

아이가 자기 방을 갖게 되면 시간을 활용하는 것을 지켜볼 수 없게 됩니다. 더욱이 아이 방에 게임기나 텔레비전 등을 두는 것은 더욱 우려되는 일이지요. 어느 정도 크면 '공부해야 한다'며 방에 들어가 나오지 않는 상황이 일어나기도 합니다.

분명 아이의 프라이버시는 존중되어야 합니다. 하지만 부모가 아이의 동향을 잘 보고 성장이나 발달을 돕지 않으면 안 되는 시기에 아이를 혼자 두는 것은 문제가 될 수 있습니다.

아이 방에 대해서는 신중했으면 좋겠습니다. 잠을 자는 공간이라는 의미에서는 아이의 방은 필요합니다. 혼자서 조용히 자는 것이 좋으니까요. 하지만 잠들기 전까지 보내는 시간은 가족과 함께 보내는 습관이 중요합니다. 실제로 자기 방에서 혼자서 공부한 아이보다 가족이

모인 거실에서 공부한 아이들이 일류대학에 들어갈 확률이 높다고 합니다.

가족 모두가 모이는 거실은 옛날로 말하면 대청마루 같은 곳입니다. 설거지를 돕고 나서 차라도 마시면서 잠깐 담소를 나눌 수 있는 곳, 그것만으로도 가족관계를 돈독히 하는 역할을 합니다.

부모가 아이와 보내는 시간을 소중히 여기고 함께 있고 싶어도 만약 아이가 자기 방에서 나오지 않으면 좀처럼 들어가기 어렵겠지요. 거실이라는 공간을 꼭 활용해보세요.

집안일 거들기 ||||||\|\|\|\|\|\

최근에는 집안일은 거들 필요가 없으니 공부만 열심히 하라고 강조하는 부모들이 늘고 있는데, 그것은 큰 잘못입니다. 아이가 집안일을 거들게 해주세요. 가정 내에서 역할을 갖게 되면 책임감도 길러집니다. 또 자신이 누군가에게 도움이 된다는 자부심도 가질 수 있고, 나름대로 존재가치를 발견하게도 됩니다.

집안일을 거드는 동안, 예컨대 가위를 사용해 물건 자르기, 끈이나 리본 묶기, 타월 접기, 쓰레기 분리수거하기, 신발 정리하기 같은 구체적인 체험도 가능합니다. 이 같은 체험은 구체적인 능력을 향상시키는 것은 물론이고 뇌 활동의 트레이닝이 되기도 하지요.

아직 어려 못할 것이라고 단정하지 말고 조금씩 거들게 해주세요. 그리고 잘 해냈을 때에는 반드시 칭찬을 해주세요. 칭찬은 아이의 의욕을 더욱 높입니다.

집안일을 거들게 할 때, 우선 아이가 어느 정도 일까지 처리할 수 있는지를 알아야 합니다. 3세 이상이라면 한 가지 일은 해냅니다. 가령 '테이블 위에 있는 책을 가지고 와'라고 말하면 대부분의 아이들은 어려움 없이 해냅니다.

2가지 조건이 붙어도 나름대로 해냅니다. '테이블 위에 있는 책을 가져와. 그리고 의자를 테이블 밑으로 넣고 와'라고 해도 어렵지 않게 해낼 것입니다.

그런데 조건이 3가지가 되면 많은 아이들은 혼란스러워 하지요. 한두 가지는 잊어버리기도 합니다. 일반적으로 3개의 조건이 붙으면 초등학교 시험수준이라고 말합니다. 예컨대 이런 것입니다.

'빨간 상자 안의 보자기를 4개 집이 피란 상자로 옮긴 다음, 그것을 노란색 큰 상자 안에 넣으세요.'

어떻습니까? 아이들이 어려워 할 만하다는 생각이 들지 않나요? 그러나 이 정도는 평소 집안일 거들기를 해온 아이라면 쉽게 해낼 수 있

는 일입니다.

'○○을 들고 어디 어디에 가서 이것을 하고, 이것이 끝나면 누구에게 그 일을 말해 줘'라고 말할 경우, 아이가 모든 내용을 잊지 않고 해내기 위해서는 흐름을 파악할 줄 알아야 합니다. 주어진 일을 처리하기 위해서는 단순한 기억 외에 이미지로 전체를 파악하고 들은 것의 흐름을 이해하는 것이 필요하지요.

물론 우선은 알아들어야 합니다. 또 말한 내용을 제대로 이해하고 틀림없이 행동할 수 있어야 하지요. 들은 바를 이해하고 그대로 일을 처리할 수 있으면 처리능력을 갖추었다고 할 수 있습니다. 처리능력은 타고난 재능이 아닙니다. 훈련을 통해 자라는 것이지요.

덧붙여, 아이가 지시받은 행동을 하는 동안, 혹은 지시를 받는 중에 '3가지야, 알았지?'라고 상기시킬 필요는 전혀 없다는 걸 기억해주세요. 지시를 이해하고 기억하고 실제로 행하기까지 모든 과정을 아이 스스로 해내도록 지켜보기만 하면 됩니다. 부모가 끼어들면 아이의 능력은 절대 늘지 않습니다. 이런 과정은 '언제, 어디서, 누가, 무엇을, 어떻게 했다'라는 기본 사고방식으로 이어지지요.

친척간의 교류 \|\|\|\|\|\|\|\|\|\|\|\|\|

지금의 부모 세대도 형제가 그다지 많지 않기 때문에 친척간의 교류가 예전에 비하면 상당히 줄고 있습니다. 할아버지와 할머니가 돌아가신 경우에는 한층 더 교류가 줄어들죠. 집안의 큰 행사가 있을 때만 얼굴을 보는 경우가 대부분입니다. 그러다 보니 길거리에서 마주쳐도 친척인지 잘 모르는 경우도 있다고 합니다.

하지만 어린 아이에게는 친척과의 교류도 귀중한 체험이 됩니다. 엄마나 아빠와 연관된 존재이며 자신의 뿌리이기 때문이죠. 또 시간의 흐름이나 과거와 같은 것을 체득하는 계기도 됩니다. 특히 외동이라면 사촌은 형제관계에 버금가는 교류를 체험하게 됩니다. 나이가 비슷한 상대와 사귀는 계기도 되고요.

혈연관계에 있는 사람들은 친구들이나 그저 아는 사람들과는 다릅니다. 가족과 마찬가지로 인연을 끊으려야 끊을 수 없는 사람들이죠. 가까이 살지 않거나 자주 만나지 않아도 남과는 다릅니다. 이 미묘한 차이를 아이들은 금방 눈치 챕니다. 그것은 하고 싶은 말이라고 다 할 수 있는 것은 아니라는 것, 하고 싶어노 해서는 안 되는 부분이 있다는 걸 이해하고 받아들이는 것과 같지요. 그러는 동안 아이는 인간관계의 복잡함을 알아 나갑니다.

04

기품 있는 아이들의 건강한 식생활

아침식사의 중요성

식사는 생명유지에 가장 중요하지요. 아이의 성장에 맞는 영양공급이 이루어져야 한다는 것은 당연한 말입니다. 하지만 최근 아침식사를 하지 않는 아이들이 늘고 있어 걱정입니다.

　아침을 거른 아이는 아침식사를 한 아이와 비교할 때 여러 면에서 분명한 차이를 보입니다. 아침식사의 주요 역할로는 다음과 같은 점을 들 수 있습니다.

- 수면 중에 저하된 체온을 회복하고 신체활동을 활발하게 한다.
- 뇌의 에너지인 당질을 공급하고 지적활동을 왕성하게 한다.
- 호르몬이나 효소의 분비를 촉진하고 생체리듬을 정비한다.

아침식사를 하지 않으면 체력이나 집중력이 떨어지고, 생체리듬이라고도 하는 생활리듬이 만들어지기 어렵습니다. 건강뿐만 아니라 학습에도 악영향을 미칩니다.

또 점심과 저녁식사 두 끼만으로는 영양을 충분히 공급하기 어렵다고 합니다. 게다가 그 부족한 부분을 밤늦게 보충하는 습관이 배면 머지않아 생활습관병 예비군이 될 가능성이 높지요.

음식에 포함된 영양소나 그 효능에 대해, 또 하루 적정 섭취량에 대해 비교적 자세히 알고 있는 부모도 많습니다. 다양한 조리법이나 다양한 재료를 이용해 이색적인 요리를 해먹는 가정도 있지요. 아침식사를 거르는 것은 이런 노력을 무색케 합니다. 애써 준비한 식단이 빛을 잃고 말지요.

아침식사는 거르지 않는 것만으로 충분합니다. 바나나나 비스킷과 우유, 시리얼 등 가벼운 것이라도 섭취하는 쪽이 그렇지 않는 쪽보다는 훨씬 낫습니다. 중요한 것은 거르지 않는다는 것이죠. 아침식사는 아이가 하

아침식사는 하루를 시작하는 데 활력소가 되고 생활 사이클을 정비하는 데에도 도움이 됩니다.

루를 시작하는 데 활력소가 되고 학교생활도 즐겁게 보내게 해줍니다. 그리고 생활 사이클을 정비하는 데에도 도움이 되지요.

아이와 함께하는 요리 \|\|\|\|\|\\\|\|\|\|\\\|

균형 잡힌 영양과 규칙적인 식사뿐 아니라 요리과정도 아이에게는 좋은 배움이 됩니다. 그러나 일반적으로 육아에서 다른 것에 비해 간과하기 쉬운 것이 바로 요리에 관한 것이지요. 손쉽게 조리하는 혹은 이미 조리된 음식을 사오는 경우가 많아지고 외식이 늘면서 요리과정을 통해 아이가 얻을 수 있는 것이 상당히 제한되고 있습니다. 물론 각 가정마다 사정이 다르므로 어느 정도는 어쩔 수 없다고 생각합니다. 하지만 아이의 성장은 부모의 형편을 고려하면서 기다려주지 않지요.

휴일이나 일찍 귀가할 때는 가능한 음식을 만들어 먹는 것이 좋겠습니다. 만약 이마저도 여의치 않을 때에는 건강을 염두에 둔 메뉴를 선택하는 노력이 필요합니다.

요리를 할 때에는 아이에게도 보여주세요. 만약 생선을 굽는다면 아이에게 굽는 방법을 알려주고 냄새를 표현하게 하면 정서적으로도 좋은 영향이 미칩니다. 물론 먹을 때 스스로 뼈를 발라내는 것도 아이에게는 귀중한 경험이 될 것입니다.

메뉴를 선택하거나 식단을 짤 때에도 아이의 성장을 우선적으로 고려해야 합니다. 부모의 기호에만 맞추거나 아이의 기호에만 맞추는 것은 편향된 식습관을 기릅니다. 어린 아이에게 성인병이 나타나는 경우가 늘고 대부분의 성인병이 생활습관병으로 분류되는 것을 생각한다면 식습관의 중요성을 간과할 수 없지요. 예컨대, 술안주용 음식으로 한 끼 식사를 대신하는 것은 위험합니다. 술안주는 대부분 염분이 많고 고기류가 주를 이루기 때문이지요.

다양한 맛을 경험하는 것 역시 중요합니다. 치우친 식사를 하면 여러 가지 맛을 인식할 수 없게 되고 그러면 미각이 폭넓게 발달할 수 없습니다. 평소 아이에게 균형 잡힌 식사를 하게 하겠다고 생각하면서도 실제로는 아이가 좋아하는 것이나 먹기 쉬운 것을 선택하는 경우도 적지 않습니다. 그래서 영양소가 골고루 들어가도록 미리 식단을 짜둘 필요가 있지요.

그렇다고 편식을 막기 위해 아이가 싫어하는 음식을 억지로 먹으라고 꾸짖는 것은 효과적인 방법이 아닙니다. 우선 부모가 맛있고 즐겁게 먹는 모습을 보여주는 것이 좋습니다. 또 함께 만들어보는 것도 방법입니다. 스스로 참여해 만들다보면 먹는 것이 즐거워지고 맛도 더 있는 것 같습니다. 요리에는 어린 아이라도 할 수 있는 간단한 작업도 많지요. 하나씩 거들게 해서 요리하는 즐거움도 함께 깨닫게 했으면 합니다.

아이 혼자 하는 식사 |||||\|\|\|\|\|\

혼자 밥 먹는 것은 어른에게도 고역입니다. 우두커니 혼자서 식사하는 것은 쓸쓸하지요. 일반적으로 식사란 가족이 식탁에 둘러앉아 부모가 정성 들여 만든 요리를 먹는 것입니다.

식사하는 동안 그날 있었던 이야기를 나누면서 함께 웃고 즐깁니다. 때론 식사예절이나 언어사용 등에 주의를 받기도 합니다. 가족간에 서로의 생각이나 기호 등을 알아가는 식사시간은 부모가 생각하는 것 이상으로 아이에게는 중요한 시간이지요.

물론 각 가정에 따라 피치 못할 사정이 있을 수도 있습니다. 그렇다고는 해도 혼자만의 식사가 아이에게 바람직하지 않다는 것은 두말할 것도 없지요.

어느 해 아이들이 초등학교에 갓 입학했을 때 일입니다. 첫 급식이 있던 날이었는데, 한 학생이 음식을 손으로 집어먹는 것입니다. 깜짝 놀라 그 아이의 부모를 모셔 이야기를 들어보았습니다. 사연은 이랬습니다. 부모는 모두 의사였고 매우 바빴습니다. 그래서 아이는 평소 혼자 어머니가 만들어놓고 간 도시락을 점심으로 먹었지요. 도시락은 항상 깨끗하게 비워져 있었고 부모는 그것을 보고 안심하고 있었습니다. 물론 점심을 먹는 모습은 본 적이 없었죠. 그 아이는 점심은 손으로 집어먹어도 되는 것이라고 생각한 듯합니다. 그래도 주의를 주는 사람도 없었고 문제될 것이 전혀 없었으니까요.

이뿐만이 아닙니다. 혼자 식사하는 일이 많은 아이는 식사를 즐겁게 하지 못합니다. 급하게 먹어치우는 느낌이 드는 아이도 있습니다. 또 심한 경우 매사에 의기소침해지기도 하지요.

가족이 함께 식사하는 것은 당연하면서도 이처럼 중요한 의미를 갖습니다. 일일이 만들 수 없다면 사온 반찬이라도 좋으니까 함께 식탁에 둘러앉도록 노력해주세요. 함께 먹는 즐거움만은 맛볼 수 있으니까요.

온가족이 함께 식탁에 둘러 앉는 시간은 아이에게 식사 이상의 의미를 갖습니다.

05

아이의 오감을 기르는 방법

오감이 길러지지 않는 현대생활

아이의 성장과정에서 두뇌나 몸의 발달만큼이나 주목받고 있는 것이 오관과 오감입니다. 감각을 담당하는 기관인 오관, 즉, 눈, 귀, 코, 혀, 피부의 작용에 의해 시각, 청각, 후각, 미각, 촉각의 오감이 생겨 납니다. 꽃을 보고 예쁘다고 느끼거나 꽃냄새를 맡고 향기롭다고 느끼고, 음악을 듣고 즐거워하거나 음식이 맛있다고 느끼는 것, 또 얼음을 만지고 차가워하는 것, 이 모두가 오감을 통해 외부의 상태를 인식하는 것이지요.

오감은 각각 독립적으로 작용하는 것이 아니라 서로 네트워크를 이루어 상호작용하거나 서로 간섭합니다. 서로 확인하고 보완하는 거지요.

물론 이 오관과 오감의 연계, 오감끼리의 네트워크 역시 자극을 주지 않으면 성장하지 않습니다.

안타까운 점은 현대사회에서는 몸으로 느낄 수 있는 환경이 점점 사라져가고 있다는 것입니다. 아이에게 필요한 감각을 키울 기회가 줄어들고 있지요. 따라서 현대사회에서는 더더욱 부모가 의도적으로 아이의 오관과 오감에 자극을 줄 필요가 있습니다.

가령, 작은 꽃에도 민감하게 반응해야 하지요. 아이가 잘 보지 못하고 지나갈 때 아이를 불러 세워 '봐, 참 예쁜 꽃이 피었구나'라고 말해주는 겁니다. 아이가 '정말 예뻐!'라는 반응을 보이면 일단 성공한 것입니다.

아이는 자기도 모르게 냄새를 맡아보려 할 수도 있습니다. 만약 그러지 않는다면 '이 꽃에는 어떤 냄새가 날까?' 혹은 '한번 만져 볼래?'라고 다른 감각도 사용하도록 유도하면 좋겠습니다. 그렇게 해서 오관과 오감을 기를 계기를 만들어주는 거죠.

감각의 발달과 연결, 그리고 통합은 의사소통의 기초를 마련하는 데

꽃이나 새소리, 흙이 주는 촉
감 등을 잘 알지 못하면 외
부로부터 얻은 정보나 감각을
연결하고 통합하는 기능이
쇠퇴할 수 있습니다.

에도 중요한 요소가 됩니다. 즉 오관의 기능과 오감이 연결되는 것, 그리고 연결된 것을 활용하는 것은 풍부한 감각과 감성을 키우고 표현을 다채롭게 만들지요. 특히 임계기에 오감과 몸의 회로를 제대로 연결해두지 않으면 감각이 둔할 뿐만 아니라 감정의 조절에도 서툰 아이로 자랄 수 있습니다.

꽃향기나 새가 지저귀는 소리, 흙이 주는 촉감 등을 잘 알지 못하는 현대사회의 아이들은 외부로부터 얻은 정보나 감각을 연결하고 통합하는 기능 자체가 쇠퇴할 수 있습니다. 심히 우려되는 일이 아닐 수 없지요. 하지만 그 원인은 의외로 간단합니다. 자극을 받는 기회가 적은 탓이지요.

오관과 오감의 작용이 나빠지거나 그 연결이 원활하지 못하면 주변 사람들과의 의사소통도 잘 되지 않습니다. 아이의 오감을 기르는 것은 의사소통 능력을 높이는 것과도 연관됩니다. 오감의 발달은 심신을 고루 자라게 하는 데에도, 교육을 받는 데에도, 인간관계를 쌓아 나가는 데에도 기초가 되는 것입니다.

오관에 자극을 주고 오감을 기르는 기회는 일상생활에서 얼마든지 만들 수 있습니다. 부모가 조금만 신경을 쓰면 아이의 오감은 충분히 기를 수 있지요. 가능한 많이 체험하게 해서 풍부한 감성을 길러주세요.

오감을 기르는 시기 ||||||\||\||||

뇌세포의 상호배선은 만 2세까지 60%, 4세
까지 75%, 6세까지는 90% 완성된다고 합
니다. 뇌의 작용구조는 어릴 때 거의 다 완
성된다고 할 수 있지요.

뇌가 90% 완성되는 만 6
세까지는 여러 가지 체험
을 하는 것이 중요합니다. 그
시기를 벗어나면 오관과 오
감의 연계는 성장이 상당히
느려지지요.

 따라서 유아기에 예쁜 색이나 다양한 사물
을 보고, 기분 좋은 소리나 음악을 듣고, 좋은 향기를 맡고, 맛있고 다
양한 음식을 맛보고, 껴안는 감각을 느끼고, 또 아픈 마음을 느껴보아
야 하지요. 이 모든 것들이 아이의 뇌를 풍부하게 발달시킵니다.

 반대로 냉난방이 너무 잘 되어 더위나 추위를 모르거나, 텔레비전이
나 비디오 같은 일방적이고 수동적인 매체로 인해 스스로 생각하는 습
관을 갖지 못하거나, 넘치는 음식과 과식으로 공복감을 모른다거나,
걸을 일이 없어 피곤한 느낌도 모른다면 아이의 뇌는 충분히 발달하
기 어려울 것입니다.

 뇌기 90% 완성되는 만 6세까지는 여러 가지 체험을 하는 것이 중요
합니다. 그 시기를 벗어나면 오관과 오감의 연계는 성장이 싱당히 느
려지지요. 그만큼 힘들어진다는 말입니다.

오감 기르는 방법

오감을 잘 기르기 위해 어떻게 하는 것이 좋을까요? 우선, 시각에 대한 자극은, 간단히 말하면 여러 가지를 보여주는 것입니다. 이때 수동적으로 보이는 것을 보는 것이 아니라 적극적으로 보려는 마음을 갖게 하는 것이 중요하지요.

그러기 위해서는 우선 아이에게 보여주고 싶은 것이 생겨야 합니다. 그렇다고 보여줄 만한 게 따로 있는 것은 아니지요. 무엇이든 보고 즐기는 마음이 중요합니다. 그런 마음을 갖고 있는 부모라면, 무엇이든 아이에게 가져가거나 아이를 데려가 보여주는 것 자체가 아이에게 좋은 자극이 될 것입니다.

대개는 기분 좋은 것들을 보여주면 좋은데, 때로는 불쾌한 것도 도움이 될 수 있습니다. 불쾌한 감정이나 감각을 알게 하는 것도 필요하니까요. 단, 싫은 것만을 보여주면 마음이 왜곡될 수 있으므로 균형을 이루도록 충분히 주의를 기울여주세요.

청각에 대한 자극은 좋은 음악을 듣게 하거나 자연의 소리에 귀를 기울이게 하는 것이 중요합니다. 오관 가운데 유일하게 태어날 때 이미 어른과 똑같은 정도로 발달하는 기관이 바로 귀입니다. 태교의 중요성을 강

시각에 대한 자극에서 중요한 점은 수동적으로 보이는 것을 보는 것이 아니라 적극적으로 보려는 마음을 갖는 것입니다.

조하는 이유는 이 때문이기도 합니다. 유아기부터 좋은 소리, 좋은 음악을 들려주는 것도 마찬가지이고요.

오감의 상호작용에 대해 이미 언급한 대로, 뭔가를 보여주면서 소리에 귀를 기울이게 하는 것과 같이 동시에 시각과 청각을 자극하는 것도 효과적입니다.

의외라고 생각하겠지만, 후각은 가장 오래가는 감각이라고 합니다. 어릴 때의 냄새를 우연히 다시 맡았을 때 그 시절 추억이 단번에 떠오르는 것은 바로 그 때문이지요.

후각에 대한 자극은 향기를 맡는 것에서 시작하면 좋겠습니다. 꽃향기 같은 좋은 냄새는 그것만으로도 충분히 좋은 자극이 됩니다. 좋은 냄새를 맡으면 기분이 좋아지거나 마음이 부드러워지는 것을 알아갑니다. 악취에 코를 막는 경험도 필요하지요.

또 음식냄새는 먹은 경험과도 관련이 있습니다. 한번 먹은 적이 있고 그 맛이 좋았다면, 그 다음부터는 그 냄새만 맡아도 맛을 떠올리며 행복감을 느끼겠지요.

미각에 대한 자극은 수유기나 이유기 때부터 아이에게 쾌적한 맛을 제공하는 것입니다. 맛있다는 감각은 다음의 식욕은 물론 안도감으로 이어집니다. 단순히 포만감이라는 만족 이상의 감성이 생겨나지요. 달다, 맵다, 쓰다, 시다, 떫다 등 모든 미각은 가능한 한 어린 시기에 체험했으면 합니다.

촉각에 대한 자극은 무엇보다 부모와의 스킨십이 가장 좋지요. 부모의 손에서 느껴지는 따스함, 안겼을 때의 피부감각 등은 아이의 촉감뿐 아니라 정서적 안정에도 큰 영향을 미칩니다. 부드러운 타월이나 따뜻한 담요의 촉감을 기분 좋다고 느끼는 것도 좋습니다. 다른 한편으로는 그다지 기분 좋지 않은 것이나 아픔과 같은 감각도 알아가게 됩니다. 가렵다, 아프다, 간질간질하다는 등의 촉각에 대해서 정확하게 표현하는 것도 중요합니다.

또 춥거나 더운 것도 아이 몸에 부담이 가지 않는 선에서는 느끼게 할 필요가 있습니다. 항상 유지되는 쾌적한 온도는 아이의 체온조절 기능이 발달하지 못하게 할 뿐 아니라 스스로 옷을 벗거나 입음으로써 체온을 조절하는 것도 모르게 만들지요. 실제로 아무리 더워도 겉옷을 벗을 줄 모르는 아이들이 무척 많답니다.

게다가 어릴 때 땀을 흘리지 않으면 땀샘이 발달하지 않습니다. 어른이 되어서도 땀이 별로 나지 않는 사람이 되어버리죠. 신진대사가 원활하지 않을 수도 있다는 말입니다. 에어컨으로 실내온도를 조절할 때, 주의를 기울여야 할 대목입니다.

오감 외에 더 필요한 6가지 감각 \|\|\|\|\|\|\|\|\|\|\|\|\|\|

오관과 오감이 발달하면 나아가 다양한 감각이나 감성이 길러집니다. 감각이나 감성을 풍부하게 하는 것은 이 외에도 직감력, 관찰력, 판단력, 적응력, 기억력, 이해력, 감수성, 창조성, 적응성, 독창성, 발전성, 운동성 등이 있습니다. 게다가 일반화, 구상화 등의 요소도 있지요.

이것들도 그냥 두어서는 길러지지 않습니다. 오관과 오감이 자극을 주지 않으면 발달하지 않는 것처럼, 이런 감각이나 감성을 풍부하게 기르기 위해서도 다양한 기회를 부여하고 흥미나 관심을 갖게 하는 것이 필요합니다. 다음은 이를 위해 부모들이 찬찬히 생각해두었으면 하는 사항들입니다.

색채감각

전문적인 지식은 필요하지 않습니다. 우선은 아이가 자연에 넘쳐나는 다양한 색을 가만히 바라보게 하는 것입니다. 똑같아 보이는 꽃이라도 자세히 보면 하나하나 색깔이 다르고, 하늘도 푸른색 한 가지만 띠는 것이 아니라 시시각각 색을 바꾸어갑니다. 그런 것에 주의를 기울이는 것에서부터 색채감각은 길러집니다. 적절한 색, 어딘가 탐탁치 않은 색, 부적절한 색 등은 아이라도 지각할 수 있습니다.

그림 색칠하기와 같은 활동도 도움이 됩니다. 자신이 칠한 것과 견본을 비교하는 것도 색채를 인식하는 데 도움이 되겠지요. 물론 견본대로 색을 입혀야 하는 것은 아닙니다. 색감을 기르고 색들을 조화롭게 사용하도록 이끄는 것이 중요하므로 어떻게 다른지 비교해보는 것만으로 충분하지요. 색종이 세트나 크레파스를 사용할 때에도 아이의 색감은 길러집니다.

음감

음감은 기분 좋은 음악을 듣는 것만으로도 자연스레 길러집니다. 아이는 먼저 기분이 좋은 것과 그렇지 않은 것을 인식하게 됩니다. 화음과 불협화음이 좋은 예이지요.

아이들도 목소리의 크기나 고저, 강약 등을 생각합니다. 유아기에 익혀둔 음의 고저 감각은 평생 가지요. 절대음감 역시 이를 통해 길러집니다. 두 음 사이의 높이 차이(음정)에 대해 일정한 감각을 유지할 수 있는 것입니다. 모든 사람이 절대음감을 가지고 있는 것은 아닙니다. 하지만 한쪽 음에 비해 다른 쪽 음이 높은지 낮은지를 파악하는 상대적 음감은 누구나 갖출 수 있고 필요한 것이지요.

또 리듬감도 함께 익혀두면 좋겠지요. 즐거운 음악을 들으면서 박자를 맞추거나 춤을 추면서 리듬감을 익혀 나갑니다. 음악만이 아니라 템포 있게 일을 해내는 것이나 가위바위보처럼 타이밍을 맞추는 것도 리듬감에 포함됩니다.

어쨌든 이 음감이라는 것은 말로는 좀처럼 이해하기 어려우므로 여러 번 반복해서 감각을 익혀 나가는 것이 중요하지요.

운동감각

운동감각이란 근육, 관절에 있는 수용기가 자극을 받으면서 일어나는 감각입니다. 상황에 따라 몸을 어떻게 움직이면 좋을지 느끼는 것이나 몸의 반사작용도 포함되지요. 가령 계단이 있으면 올라가기 위해 발을 들고 균형을 잡는 것도 운동감각인 것이죠.

지금으로부터 50년쯤 전에 나이에 따른 아이들의 운동능력을 알아보기 위한 조사가 있었는데, 역 계단을 오르는 아이를 관찰한 다음 아이의 연령을 묻는 방법이었습니다. 계단 오르는 모습으로 대강의 연령과 발달단계를 판별할 수 있음을 보여주는 조사였지요.

연령이 1년 6개월에서 2년 사이의 아이는 혼자 계단을 오르려면 한 계단에 두 발을 모두 디뎌야 합니다. 속도도 느리지요. 하지만 거기에는 체력이나 체중을 이동할 때의 균형감각 등이 필요하지요.

만 2세가 되면 부모의 손을 빌리면 한 계단을 한 걸음씩 디디며 오를 수 있게 됩니다. 6개월 사이에 체력과 기술이 놀랄 만큼 발달하는 거죠. 이즈음 아이들은 계단 오르는 것을 무척 즐거워합니다. 오르내리는 일을 끊임없이 반복하는 경우도 있죠. 이럴 때에는 위험하다고 막

손 등의 소근육이 발달하는 것이 아이의 지능에 긍정적이고 직접적인 영향을 미치는 것과 마찬가지로, 몸을 움직여 운동하는 대근육의 발달 역시 아이의 지능에 좋은 영향을 미칩니다.

지만 말고 아이를 지켜보면서 함께 오르내리기를 권합니다.

아이에게 계단을 오르는 것은 운동감각을 익히는 것뿐만 아니라 공포심과 그것을 극복하는 경험을 갖게 하지요. 이것은 성공체험과도 관련이 깊습니다. 처음에는 계단을 오르는 일 자체가 목적이지만, 자신의 체력이나 능력, 균형감각에 자신이 붙어 공포심까지 극복하게 되면 성공한 도전이 될 테니까요. 물론 이것은 아이의 성격에도 영향을 미칩니다.

손 등의 소근육이 발달하는 것이 아이의 지능에 긍정적이고 직접적인 영향을 미치는 것과 마찬가지로, 몸을 움직여 운동하는 대근육의 발달 역시 아이의 지능에 좋은 영향을 미칩니다. 더욱이 활동영역을 넓히는 것은 사고범위가 확장되는 데에도 영향을 주지요.

운동능력이나 운동감각은 어릴수록 짧은 기간 안에 더 많이 발달합니다. 아이가 몸을 많이 움직이도록 유도해주세요. 두꺼운 요나 매트에서 구르기, 각종 놀이기구가 있는 놀이터에서 놀기, 운동장에서 뛰기 등 아이가 몸을 움직일 수 있는 상황을 많이 만들어주세요.

숫자감각

수에 대한 기본적인 감각은 수가 많고 적음, 숫자의 크고 작음을 아는 것입니다. 수를 세는 것을 익히면 목욕 등의 활동을 할 때 시간의 길이로서 파악하기도 하고, 사물의 수를 세면 양으로서 파악되며, 체중 등을 측정하면 크기로서도 파악하게 됩니다.

우선 아이와 함께 소리 내어 수를 세는 것부터 시작해보세요. 하나, 둘, 셋…… 개수를 세는 것과 함께 1, 2, 3…… 수를 세는 법도 가르쳐야 합니다. 처음에는 '굉장히 많다'고 추상적으로밖에 파악하지 못하던 아이가 실제로 세어보는 것으로 혹은 숫자로 나타내는 것으로 정확한 차이를 인식해갑니다. 같은 '가득'이라도 그것이 5개인지 10개인지 20~30개인지, 아니면 100개가 넘는 정도인지 파악하는 숫자의 대소 감각이 생기지요.

그리고 이것은 자연스럽게 계산으로 이어집니다. 기본적인 숫자감각은 계산능력에서도 차이가 나게 하지요. 물론 수학 성적에도 영향을 미치겠지만, 그보다 앞서 직감적으로 수를 파악해 개략적인 셈을 할 수 있는 것은 일상적으로 크게 도움이 됩니다.

수량감각

숫자감각과 밀접한 관련이 있는 수량감각은 크고 작음이 아니라 양이 많고 적음을 인지하는 감각을 말합니다. 가령 아주 어린 아이라도 컵에 들어 있는 주스를 보고 '내 것이 적어'라고 비교할 수 있습니다. 처음에는 크기나 모양이 같은 컵에 담긴 주스의 높이를 보고 양이 많다는 것을 알게 되지요. 하지만 나중에는 서로 다른 컵에 담긴 것의 양도 비교하게 됩니다.

수량감각은 많은 부분 이처럼 모르는 사이에 익혀집니다. 수량감각이 갖추어져 있지 않으면 일시적으로 숫자나 계산을 익혔다 해도 금방 잊을 수 있다고 합니다. 수량감각이 없는 아이에게 반복적인 계산공부를 시키는 것은 그다지 도움이 되지 않는다는 거죠.

양을 파악하는 데에는 숫자와 달리 입체적인 감각이 요구됩니다. 용적이나 체적이 관계되기 때문입니다. 그래서 컵에 있는 주스의 예처럼 여러 상황에서 경험을 통해 감각으로 익히는 것이 중요합니다.

도형감각

도형에 대한 감각은 그 형태의 특성을 이해하는 것입니다. 우선은 평면 모양뿐만 아니라 입체 모양도 접촉하게 하세요. 삼각형 블록을 쌓으려 할 때 하나의 꼭짓점만을 접점으로 해서는 쌓을 수 없지요. 둥근 것이 안정되지 않는 것도 마찬가지입니다. 이러한 감각도 체감해야 비로소 아이가 이해하게 됩니다. 아무리 설명을 들어도 실제로 블록을 쌓지 못한다든가 굴러가 버리는 것을 아이가 경험하지 않고는 모양에 대한 이해는 깊어지지 않을 것입니다.

또 같은 모양의 대소는 수학에서 말하는 닮음이나 합동에 해당하는데 의외로 쉽게 아이의 몸에 익혀지는 감각입니다. 이것은 비슷한 것 찾기를 하면 익힐 수 있습니다. 가령 대나무로 만든 삼각형과 도화지로 만든 삼각형을 같은 삼각형이라고 생각하는 것이나 위치를 바꿔도 삼각형이라고 판단하도록 유도하는 겁니다.

아무리 설명을 들어도 실제로 블록을 쌓지 못한다든가 굴러가 버리는 것을 아이가 경험하지 않고는 모양에 대한 이해는 깊어지지 않을 것입니다.

'도화지에 커다란 원을 그려보자'라고 말하면 아이는 얼마나 큰 원을 그릴까요? 어떤 아이는 최대한 크게 그려 여백을 거의 두지 않습니다. 어떤 아이는 자기 딴에는 크게 그린다고 하지만 도화지의 반도 사용하지 않는 경우도 있습니다. 이렇듯 모양이나 크기에 대한 감각은 각자 다르게 만들어져갑니다. 아이가 그 차이를 보고 모양과 크기에 대한 감각을 기를 수 있도록 다양한 기회를 만들어주세요.

06

건강한 학교생활을 위해 부모가 할일

부모가 이해해야 할 학교의 역할

초등학교는 아이에게 있어서 첫 학습의 장입니다. 유치원이나 보육원에서는 노는 것과 같은 다양한 활동으로 배웠지만 학교에 들어가면 본격적인 학습을 하게 됩니다. 아이를 대하는 선생님의 태도에서도 초등학교는 유치원과 다릅니다. 그때까지 길러진 사회성이 평가되기도 하지요.

핵가족, 저출산화 상황에서 또래의 아이들과 노는 경험이 적은 아이들에게 학교는 대규모 집단생활을 경험하게 합니다. 수십 명의 아이들이 모이는 유치원과는 비교가 되지 않는 규모의 집단생활을 하게 되니까요.

아이를 맡기는 부모의 입장에서는 우선 학교를 신뢰할 수 있어야 하겠지요. 자녀에게 좋은 교육을 받게 하고, 안전하고 즐겁게 학교생활을 하기를 바라고, 좋은 선생님과 친구를 만나기를 바라면서 학교를 선택하게 됩니다. 학교 측은 그에 걸맞은 생활지도나 학습지도를 하고 그 역할에 책임감을 가져야 한다고 생각합니다.

학교에서는 선생님이 중심적인 역할을 합니다. 따라서 초등학교 선생님에게 요구되는 자질로서 가장 중요한 것은 '의욕'입니다. 하지만 유감스럽게도 모든 선생님이 갖추고 있지는 않지요. 취업을 고민하던 중에 '교사라도 될까' 혹은 '교사밖에 할 게 없네'라는 자세로 교직에 종사하게 된 경우도 없지 않죠. 또 일부 선생님들 중에는 아이들과 능동적인 관계를 갖지 못하고 주어진 일만 수동적으로 처리하는 경우도 없지 않습니다.

아직 어린 초등학교 아이들에게는 의욕을 가진 선생님의 관심과 노력이 절실히 필요합니다. 아이의 마음을 잘 이해하고 적절한 지도를 할 수 있어야 하시요. 여기에 덧붙어 아이에 대한 관찰력이나 지도력도 선생님들에게 요구되는 자질입니다.

부모로서는 아이가 즐겁게 학습하고 배운 것을 어느 정도 익힐 수 있는 수업을 받고 있는지, 학교생활을 잘하고 있는지 궁금해 하는 것은 당연합니다. 그렇다고 아이와 함께 등교하고 하교할 수도 없지요. 또 학교에 모든 것을 맡겨버리는 것도 좋은 방법은 아닙니다. 때로는 아이의 교과서나 노트를 들여다보며 아이가 배우는 것에 관심을 갖고, 노트 필기하는 방법에 대해서도 아이와 이야기를 나누는 것이 좋습니다.

하지만 처음 아이를 초등학교에 입학시킨 부모는 아이만큼이나 모든 게 낯설고 어렵습니다. 이제부터는 그런 부모들을 위해 아이들의 학교생활을 파악하고 돕는 몇 가지 사항과 방법에 대해 말하고자 합니다.

쉬는 시간과 화장실

아이가 다니는 학교가 어떤지 궁금하다면 언제든 한번 학교에 가보면 됩니다. 그런데 무엇을 보면 좋을까요? 지금까지 많은 학교를 보면서 느낀 점은 쉬는 시간과 화장실을 보면 그 학교가 어떤지 알 수 있다는 것입니다.

쉬는 시간이 되면 아이들이 우르르 교정으로 몰려나옵니다. 아이들이 놀고 있는 교정에 교사가 몇 명 정도 나와 있는지 보세요. 교사가 한명도 보이지 않는다면 문제가 될 수 있습니다. 학교에서 아이들에게 항상 주의를 기울이고 있는지, 정말 아이들을 생각하고 있는지 그것으로 알 수 있습니다.

물론 선생님들도 수업준비를 해야겠지만, 학교로서 쉬는 시간에 아이들의 모습을 관찰하고 지도하는 선생님이 없다는 것은 아동에 대한 책임과 관심이 부족함을 나타냅니다.

또 화장실 상태는 아이들의 마음을 나타냅니다. 화장실이 더러운 학교의 아이들은 마음이 황폐해져 있다고 생각하면 틀림없습니다. 학교에서는 많은 아이들이 화장실을 사용하지요. 아이들 하나하나가 깨끗하게 사용하려는 의식이 없다면 눈 깜짝할 사이에 더러워집니다. 더러운 화장실은 아이들에게 자기만 좋으면 그만이라는 생각이 팽배해 있다는 것을 보여준다는 이야기죠.

물론 이것은 한 아이의 마음을 나타내는 것은 아닙니다. 모든 아이가 그렇다는 것은 아니라는 말이죠. 그러나 학교를 찾아가 부모들이 보려는 것은 전반적인 상황입니다. 왕따가 횡행하는 학교는 대개 화장실도 더럽다고 합니다. 낙서도 보이고요.

화장실은 아이들의 도피 장소가 되기도 하므로 학교 측도 주의해야 하는 장소입니다. 학교에 가게 되면 꼭 화장실을 체크해보세요.

가정과 학교의 차이 \|\|\|\|\|\|\|\|\|\|\|\|

학교는 많은 아이들이 생활하는 곳입니다. 각각의 아이들이 가정에서처럼 배려받을 수는 없습니다. 학급의 학생 수가 너무 많은 것도 문제가 됩니다. 하지만 아무리 줄인다 해도 학교 측에서 모든 아이를 가정에서처럼 대응하는 것은 불가능하지요.

아이에게는 이런 학교생활 역시 배워야 할 부분입니다. 실제로 학교생활이 가정생활과는 다르다는 것을 받아들이지 못하는 아이는 거의 없습니다.

그럼 학부모들은 어떨까요? 정작 부모들이 이 같은 학교생활을 이해하지 못하는 경우는 종종 있습니다. '왜, 우리 아이에게 이렇게 해주지 않느냐'고 항의하는 거죠. 상식적으로는 도저히 납득하기 어려운 일입니다. 그런 항의가 늘면 학교 측에서는 아이들에게 사용할 시간을 빼앗기게 되고, 결국 전체 아이들에게 피해가 가게 되지요.

학부모들이 학교에 정당하게 요구해야 할 부분은 있습니다. 하지만 '내 아이'만을 생각해서 부당한 요구를 해서는 안 되겠습니다.

반면 맞벌이 가정이 늘면서 모든 것을 학교에 맡기는 경우도 늘고 있습니다. 어릴 때부터 아이를 보육시설에 맡겨야 했던 부모로서는 가정에서 이루어져야 할 교육까지 교육기간에서 맡아주기를 바라게 되는 거죠.

하지만 각기 다른 가정에서 자란 여러 아이들이 모여 공부하는 학교가 가정과 마찬가지의 역할을 해내기란 어렵습니다. 특히 기본적인 예절이나 생활습관은 어릴 때부터 가정에서 이루어져야 할 교육이지요.

보호자의 책임이라고 생각하는 선생님과 선생님이 책임져줄 거라고 믿는 부모 사이에서 아이가 난처해하고 있지는 않을까요?

물론 학교에서 학습만 이루어지는 것은 아닙니다. 아이의 예절이나 생활습관 같은 교육에도 많은 배려를 하고 있지요. 특히 저학년의 경우에는 학교 선생님의 영향은 무척 큽니다. 그러나 모든 선생님이 이를 정확히 인식하고 열정을 다해 아이를 대하지는 않습니다.

아이의 입장에서 보면 이처럼 난처한 상황은 없습니다. 당연히 가정에서 습득하고 왔을 것이라고 기대하는 학교와 학교에 가면 다 배우게 될 거라고 믿는 부모, 보호자의 책임이라고 생각하는 선생님과 선생님이 책임져줄 거라고 믿는 부모 사이에 놓여 있으니 말입니다.

이런 난처한 상황에서 아이를 구해낼 사람은 우리 어른들입니다. 부모에게는 부모의 역할이 있고, 선생님에게는 선생님의 역할이라는 것이 있습니다. 각자의 입장에서 아이를 지켜보고 자라게 하는 깃이 원래의 모습이지요.

공개수업 참관 방법 |||||\||)||\|

기품 있는 아이들의 부모들에게도 공통적으로 볼 수 있는 행동이 있었습니다. 그 가운데 하나가 학교 공개수업을 참관하는 방법입니다. 그 부모들은 우선 자기 아이한테서 가능한 멀리 떨어진 곳, 그리고 교실 전체를 볼 수 있는 곳에 자리를 잡습니다. 그런 곳이라면 반 전체의 모습도 관찰할 수 있고, 그 속에서 자신의 아이가 어떻게 수업을 받고 어떻게 관계를 맺고 있는지 파악할 수 있기 때문이지요.

반대로 자기 아이 바로 옆에 붙어서서 아이가 잘하는지 못하는지에만 신경을 곤두세우는 부모도 있습니다. 발표할 기회가 생기면 손을 들라고 재촉하기도 하고, 답답한 마음을 드러내며 손수 가르치는 부모도 있지요. 그런 부모를 보면 왜 아이를 학교에 보내는지 의아한 생각이 듭니다. 수업을 참관하는 의미도 없고요.

공개수업에 참관할 경우, 부모들이 꼭 확인해야 할 사항은 아이가 적극적으로 발표해 얼마 돋보이는지, 다른 아이보다 얼마나 빨리 선생님이 지시한 바를 해내는지가 아닙니다. 그보다 아이가 어떤 환경에서 수업을 듣고 있는지, 선생님이나 다른 아이들과 어떻게 관계를 맺으며 수업을 받고 있는지를 우선적으로 보아야 하지요.

따라서 교실 전체나 다른 아이들의 모습도 볼 수 있는 위치에서 참관하는 것은 중요합니다. 아이만 보는 것이 아니라 아이가 생활하는 반

전체를 보면, 그 전까지 미처 깨닫지 못했던 면이 보일 수도 있습니다. 가정에서와는 다른 아이의 행동이 보이게 되죠. 그러면 아이에 대한 이해도 깊어지고 대하는 방법에도 깊이나 폭이 생길 것입니다.

공개수업에 참관할 때는 교실 전체를 볼 수 있는 곳에서 아이뿐만 아니라 반 전체를 보세요.

07

생활습관과 학교생활

학교생활에 악영향을 미치는 생활습관

많은 아이들이 모여 생활하는 학교에는 통제가 되지 않는 아이가 극소수이지만 있기 마련입니다. 그런데 최근 그런 아이들이 늘고 있어서 걱정입니다. 심지어 몇몇 아이들에 의해 학급이 제대로 운영되지 않는 경우도 있지요. 이런 현상을 두고 '학급붕괴'라는 말까지 생겨난 것을 보면 커가는 아이들이 한때 보일 수 있는 행동이라고 치부할 수는 없을 것 같습니다.

그렇다면 선생님이 학급을 통제하지 못하는 원인은 무엇일까요? 어느 조사에서는, 초등학교 고학년의 경우 그 원인이 선생님의 지도력 7%, 학교 운영상의 문제 3%로 나타났습니다. 저학년의 경우는 조금 다릅니다. 7~8%가 가정에서의 생활습관에 원인이 있는 것으로 나타났지요. 가정에서의 생활습관이 선생님의 통제를 받아들이지 않고 학급 전체에 영향을 미치는 행동을 하는 아이로 만든다는 것입니다.

도대체 무엇이 문제인 걸까요? 돌출행동을 하는 아이들에게서 볼 수 있는 가정 내의 문제로는 크게 다음 3가지를 들 수 있습니다.

운동부족

첫 번째는 운동이 부족하다는 것입니다. 몸을 움직이는 것은 아이의 성장에 중요한 일입니다. 게다가 아이는 어른에 비해 훨씬 활동적입니다. 그런데 아이가 실내에서 보내는 시간이 너무 많고, 운동을 해도 형식적인 대련이나 시범과 같은 눈요기 운동이어서 사실상 아이의 운동량은 많이 줄어들었습니다. 맘 놓고 뛰어놀 만한 공간이나 시간도 거의 없지요. 운동부족은 아이의 성장을 저해할 뿐 아니라 스트레스가 쌓이게 합니다.

수면부족

다음은 수면부족을 들 수 있습니다. 수면이 부족한 상태에서는 누구든 예민하고 거칠어질 수 있습니다. 요즘은 예전이라면 생각지도 못할 밤늦은 시간에 깨어 있는 아이들이 많습니다. 밤 10~11시는 물론이고 자정을 넘겨 잠자리에 드는 경우도 있지요. 그러면 당연히 잠이 부족할 수밖에 없습니다.

아침 거르기

집중력이 떨어지는 아이들 가운데에는 아침식사를 거르는 경우가 많다고 합니다. 수업에 집중하지 못하고 산만한 아이들의 공통점이기도 하지요. 아침을 거르는 것은 균형 잡힌 영양을 제공하지 못해 아이의 성장에 악영향을 미치는 것은 물론, 생활리듬을 깨뜨려 이처럼 산만한 아이로 만들 수 있습니다.

초등학교 저학년의 경우, 이 3가지는 학급붕괴로 이어지는 문제점들로 자주 지적되는 부분입니다. 자라는 아이에게 특별히 중요한 것이 영양과 운동, 수면의 균형이라는 것을 생각하면 이런 현상이 얼마나 큰 문제인지 알 수 있습니다.

3세 무렵까지의 생활습관은 초등학교 입학한 이후까지 영향을 미칩니다. 가령 늦게 자고 늦게 일어나는 것과 같은 습관은 입학하기 전에만 바로잡으면 된다고 생각한다면, 아이도 부모도 상당한 어려움을 겪을 수 있습니다. 게다가 학교 선생님이나 학급 친구들에게도 피해를 줄 수 있지요. 바람직한 생활습관은 유아기부터 익혀야 합니다.

아이의 생활습관을 왜곡하는 부모의 태도\\\\\\\\\\

생활습관에 대해 몇 가지 더 덧붙이고 싶은 것이 있습니다. 부모의 태도와 관련된 것입니다. 아이에게 부모가 영향을 미치는 것은 당연합니다. 아이를 대하는 부모의 태도는 아이의 생활습관을 좌우하지요.

부모는 당연히 좋은 영향을 미치기를 바랍니다. 그래서 아이의 생활습관이나 학교생활에 아무런 문제가 없기를 바라지요. 하지만 아이에게 좋지 못한 영향을 미치는 행동을 별 생각 없이 하게 되는 경우도 있습니다. 또 잘 알고 있으면서도 그대로 행하지 못하는 경우도 있지요. 어떤 것들인지 살펴보겠습니다.

개성에 대한 잘못된 인식

현대 사회에서 '개성 있는 사람'은 많은 사람들이 추구하는 이상적인 모습이 되고 있습니다. 남다른 옷과 머리 스타일, 또는 남다른 행동이 많은 사람들의 주목을 받지요. 심한 경우 창의적이라는 말과 같은 뜻으로 받아들이는 경우도 있는 듯합니다.

실제로 개성은 아이의 자아에 있어서 아주 중요한 개념입니다. 그런데 이 개념을 오해하는 부모들이 있는 것 같습니다. 예컨대, 선생님의 인솔 하에 줄을 맞추어 걷다가 돌발행동을 하는 아이를 보면서도 개성 있는 아이라고 받아들이는 거죠. 설마 그런 일이 있을까 생각하겠지만, 그다지 드물지 않게 볼 수 있는 예입니다.

아이들은 일일이 말하지 않아도 자신이 한 행동을 부모가 좋아하는지 싫어하는지 압니다. 적어도 용납이 되는 행동인지 아닌지를 판단하게 되지요. 돌발행동을 했을 때 개성 있는 아이라는 부모의 생각은 그대로 아이에게 전해집니다.

특히 학교에서는 선생님의 인솔에 따라 집단행동을 해야 하는 경우가 매일 반복됩니다. 그럴 때 선생님의 지시를 이해하지 못하거나 의도적으로 어긋나게 행동한다면 어떨까요? 그 아이는 그게 문제라는 것을 모릅니다. 오히려 주목받는 개성 있는 행동이라고 생각하지요.

만약 이런 아이가 한 반에 서너 명만 있어도 학급이 제대로 운영되지 않을 거라는 것은 누구나 짐작할 수 있는 일입니다.

큰 기대와 꾸짖음

이미 언급한 것처럼 아이의 행동을 개선하는 것은 칭찬입니다. 하지만 아이를 꾸짖기만 하고 칭찬해주지 않는 경우도 있지요. 아이에 대한 기대가 너무 커서 아이가 기대에 미치지 못하는 행동을 하면 꾸짖게 되는 것입니다.

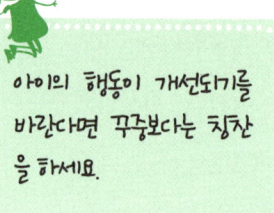

아이의 행동이 개선되기를 바란다면 꾸중보다는 칭찬을 하세요.

그런데 늘 꾸중을 들으며 자란 아이는 어떻게 행동해야 할지 몰라 혼란을 겪게 됩니다. 아이의 행동이 개선되지 않는 것은 물론이고요. 게다가 꾸중만 들으며 자란 아이는 부모를 존경하지 않게 됩니다. 이런 가정에서는 당연히 부모와 자녀 사이에 대화가 적습니다.

부모를 존경하지 않는 아이는 선생님을 쉽게 신뢰하지 않고 잘 따르지 않습니다. 이런 상황에서 학교생활을 잘하지 못하는 건 당연하지요.

재촉

무슨 일을 하든 아이는 어른보다 느립니다. 단추를 단추 구멍에 끼워넣는 것처럼 아주 쉬운 일도 아이에게는 어려울 수 있지요. 아이가 스스로 하려고 할 때에는, 또 할 수 있는 시기에 이르면 다소 시간이 걸린다 해도 아이 스스로 하는 것이 좋습니다. 물론 이때 부모는 아이가 일을 다 끝낼 때까지 여유를 갖고 기다려야 하지요.

그러나 실제로는 많은 부모들이 충분히 기다려주지 않습니다. 빨리 하라고 재촉하거나 대신 해주고 말지요.

걸을 때에도 마찬가지입니다. 아이의 걸음이 어른보다 느린 것은 당연합니다. 그런데도 '빨리, 빨리' 하며 등을 떠미는 경우가 많습니다.

이렇게 재촉받는 아이는 늘 초조합니다. 일은 제대로 안 되고 시간은 더 많이 걸리지요. 그러다가 다시 재촉을 받게 됩니다. 이

자기 일을 스스로 하는 아이로 키우고 싶다면 재촉하거나 대신해주지 말고 여유를 갖고 기다려주세요.

런 일이 반복되면 아이는 언제나 초조합니다. 자신감도 없어지고 늘 불안함을 느끼게 되지요.

호기심을 막는 태도

아이들은 왕성한 호기심을 가지고 있습니다. 아주 어릴 때에는 뭐든 입으로 가져가고 조금 더 자라면 뭐든 손으로 만져보려 하지요. 뜨거운 물이나 날카로운 물체에도 망설임 없이 손을 뻗습니다. 그게 아이의 본성이고 자연스러운 모습이지요.

하지만 부모 입장에서는 위험하기 짝이 없는 행동입니다. 세균이 우글거릴 텐데 입으로 가져가는 아이를 보면 깜짝 놀라 막지요. 델지도 모르고 다칠지도 모르는데 손을 뻗는 아이를 볼 때는 바로 손을 잡아 챕니다.

그런데 너무 많은 것을 만지지 못하도록 막고 있지는 않은가요? 특별히 위험한 물건들은 미리 치워두고 아이들이 관심이 가는 건 뭐든 만져볼 수 있는 환경을 만드는 게 어떨까요?

또 충분히 주의를 주고 아이 스스로 조심할 수 있도록 유도하는 경우가 더 나을 때도 있습니다. '이것 만지면 안 돼' 혹은 '저건 만지면 위험해'라는 말을 늘 듣는 사이, 호기심이 꺾이고 흥미조차 잃기 쉽기 때문입니다. 더러는 아무것도 만지지 못하게 되는 경우도 있지요.

게다가 부모의 기대와는 달리 위험성 자체에 대해 아무런 판단도 하

지 못하게 될 수도 있습니다. 처음으로 본 것은 그 감촉이나 위험성 등
을 스스로 파악하지 못하게 되는 거죠.

스킨십의 부족

아무것도 만지지 못하는 아이 중에는 사람을 만지지 않는 아이도 있
습니다. 심한 경우 다른 사람과의 접촉 자체를 꺼리기도 하는데, 원인
은 스킨십 부족입니다. 부모와 손을 맞잡고 걸은 경험이나 포옹을 받
은 적이 거의 없는 것입니다.

부모와의 스킨십은 사람의 따스함을 알게 합니다. 손을 잡고 걸을
때 위험이 닥치면 부모는 아이의 손을 꼭 쥐고 끌어당기기도 합니다.
그때 아이가 느끼는 감촉에는 아이를 지키려는 부모의 애정이 포함되
어 있지요. 물론 매순간 아이들이 이것을 파악하지는 못합니다. 당시
에는 잘 이해하지 못한다고 해도 아이 안에 그런 것들이 차곡차곡 쌓
여 성장하는 데 좋은 영향을 주지요.

그런 경험이 적거나 혹은 없는 아이는 단순한 피부 접촉에도 불편해
하고 나아가 다른 사람과의 접촉 차체를 꺼리게 될 수도 있습니다. 심
지어 단순히 접점을 갖는 것조차 어려워하게 되지요. 손바닥으로 따
스함을 느낄 수 있는 아이로 키웠으면 합니다.

집단 따돌림을 피하는 포인트 \|\|\|\|\|\|\|\|

학교에 가면 아이들끼리의 다툼이나 싸움은 피할 수 없는 일입니다. 흔히 말하는 것처럼 아이들은 싸우면서 친해지고 자라지요. 또 나와는 다른 남에 대해서도 배우고 서로 조정하고 조화를 이루는 법도 배웁니다.

문제는 집단 따돌림입니다. 이것은 당하는 아이에게는 물론이고 가해 학생에게도 지울 수 없는 상처가 됩니다. 학교는 물론이고 정부 차원에서도 그 심각성을 이해하고 대처해야 할 문제지요.

우선 부모들이 알아두었으면 하는 점은 집단 따돌림을 당하는 아이들은 몇 가지 공통점을 보인다는 것입니다. 물론 그렇다고 모두 따돌림을 받는 것은 아닙니다. 하지만 모든 아이들이 친구들과 잘 어울리면서 즐겁게 학교생활을 하기를 바라는 마음에서 말하겠습니다. 매우 단순한 요약이 되겠지만 따돌림 당하기 쉬운 유형은 이렇습니다.

친구와 어울리지 못하는 아이

같은 또래의 아이와도 어울리지 못한다면 따돌림 당하기 쉽습니다. 입학한 후 처음 얼마간은 활달하고 밝은 아이가 같이 놀자고 권합니다. 그때 아이가 웃는 얼굴로 대답만이라도 한다면 문제는 없지만, 대답도 못 하고 아무런 행동도 하지 않는다면 상황이 어려워집니다.

말을 걸어도 응하지 않는 아이는 말을 건 아이나 주위 아이들에게

묘한 인상을 줍니다. '놀고 싶지 않은가?', '우리를 싫어하나?', '기분이 나쁜가?' 등등 아이들이지만 여러 생각을 하게 되지요. 그리고 결과적으로는 이상한 아이라고 생각하게 됩니다.

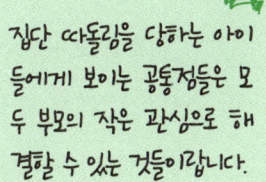

집단 따돌림을 당하는 아이들에게 보이는 공통점들은 모두 부모의 작은 관심으로 해결할 수 있는 것들이랍니다.

그러한 인상은 한번 생기면 쉽게 사라지지 않습니다. 아이들 사이에서 이상한 아이이니까 함께 놀지 않는다는 인식이 생기고, 그 아이와 함께 있는 아이까지도 같은 눈으로 보게 되죠. 결국 그 아이에게는 아무도 다가가지 않게 됩니다.

시간이 흐르면 상황은 더 나빠집니다. 아이들 속에서 야유의 말이 한두 번 나오다가 이윽고 쏟아지게 됩니다. 이때에도 적당한 대처를 하지 못하면 따돌림 상태는 더 가속화되지요. 그렇게 된 다음부터는 회복이 매우 어려워집니다.

이처럼 아이들과 어울리지 못하는 아이는 어릴 때부터 다른 사람들과 접촉하는 방법을 익히지 못한 경우가 많습니다.

또 부모가 다른 아이를 비난하는 것도 영향을 끼칩니다. 다른 사람과 접하는 데 서툰 아이라도 새로운 친구와의 만남을 아주 조금은 즐겁다고 느낍니다. 그런데 부모가 누구누구는 '난폭하다'거나 '제멋대로다'는 식으로 말한다면, 아이는 바로 움츠러들면서 방어적인 자세를 취하지요. 그러고는 스스로를 자기 안에 가둬버리는 것입니다.

불결한 모습이나 습관

어른들은 다른 사람들이 불결한 사람을 싫어한다는 것을 누구나 압니다. 그래서 다소 게으른 사람이라도 스스로 청결하도록 노력하지요. 하지만 아이들은 다릅니다.

불결한 것이 문제가 되지 않는 환경에서 자란 아이는 불결함이 문제가 된다고 생각하지 않죠. 반면 청결함이 몸에 밴 아이들은 불결함에 민감합니다. 아주 예의 바른 아이라 해도 불결한 친구 가까이 다가가는 것을 꺼리게 되지요.

가령, 머리가 푸석푸석하고 어깨에 비듬이 떨어져 있다거나 목욕을 자주 안 하는 것 같은 냄새가 난다면 다른 아이들에게 좋은 인상을 줄 수 없겠죠. 또 귀 뒤에 때가 끼어 있거나 콧물이 흐르고 코를 후벼 파는 버릇이 있으며, 항상 어딘가를 긁고 있다면 가까이 다가오는 아이도 없을 것입니다. 하지만 이런 것은 부모가 신경을 쓰고 가르쳐줄 수 있는 것들입니다.

또 옷이 항상 쭈글쭈글하거나 흰색 양말이 거무칙칙해지도록 갈아 신지 않거나 얼룩이 묻은 셔츠를 입고 있는 것도 마찬가집니다. 옷맵시를 단정하게 유지하지 못하는 아이라 해도 이 정도는 부모가 신경을 쓰면 거의 해결됩니다.

볼일을 본 후에 손을 씻지 않거나 손을 씻어도 옷에다 문질러 닦는 아이, 콧물을 손이나 소매로 닦는 아이, 식사할 때 주위를 지저분하게 만드는 아이, 쓰레기를 휴지통에 넣지 않는 아이도 불결한 아이로 여겨질 수 있습니다.

대부분 정리정돈에 서툴고 단정치 못한 경우인데, 이런 것들은 생활 습관에서 비롯되지요. 결국 부모가 일상에서 신경을 써서 가르친다면 문제가 일어나지 않는 것들이라는 말입니다.

불결하다는 이미지 역시 한번 만들어지면 좀처럼 회복하기 어렵습니다. 불결한 모습이나 습관이 해결되었다고 해도 한동안 이어지지요.

짓궂은 장난

다른 아이와 어울리지 못하는 아이나 불결한 아이와는 다른 유형으로 짓궂은 장난을 자주 하는 아이도 따돌림을 당하기 쉽습니다. 집단 따돌림이라고 하면 흔히 생각하는 가해하는 입장과 피해를 받는 입장이 서로 뒤바뀐 경우지요. 이런 경우는 특히 저학년에서 많이 나타납니다.

처음에는 작은 장난에서 시작됩니다. 가령 좋은 자리에 앉기 위해 자기보다 체격이 작은 아이를 밀치고 앉아버리는 정도지요. 그러나 이런 일이 반복되면 주위 아이들은 장난이 심한 아이라고 여기게 됩니다.

여기서 우리가 주목해야 할 점은 작은 장난이라도 지적을 받거나 안 좋게 보는 시선을 느끼면 그 수위가 점점 높아진다는 사실입니다. 이 또한 아이의 자연스러운 심리 중에 하나인데, 꾸짖음보다는 칭찬이 행동 개선에 더 효과적인 까닭은 이 때문이기도 합니다.

아무튼 장난을 계속하는 아이는 '어차피 나는 못됐어'라는 생각을 하게 되는 것인지도 모릅니다. 못된 장난은 더 흥미진진해지고, 당하는 아이의 상처는 더욱 깊어집니다. 그러면 짓궂은 장난을 하는 아이는 순식간에 따돌림의 대상이 되지요.

아이들은 정의감이 강합니다. 그리고 짓궂은 아이는 이미 많은 적을 만들고 말았지요. 아이들 입장에서는 '저 아이는 못됐으니까 괴롭혀도 돼'라는 생각을 하게 될 수도 있습니다. 그게 아이들에게는 권선징악과 같은 의미로 받아들여질 수도 있으니까요.

그렇다면 아이가 장난이 심할 때 부모는 어떻게 하면 좋을까요? 우선 아이에게 평소 어떤 모습을 보이고 있는지 스스로를 돌아볼 필요가 있습니다. 부모가 은연중에 다른 사람을 깔보거나 무시하는 듯한 말을 하지는 않았는지 말입니다. 예컨대, 아이가 친구가 가진 물건에 대해 이야기하며 부러워할 때 '그런 건 좋은 게 아니야'라거나 '잘난 척하는 애구나'라는 말을 하는 경우입니다.

아이에게 부모는 절대적인 존재입니다. 아이는 어떤 경우에도 부모가 잘못되었다고는 생각하지 않지요. 그렇다면 마음에 들지 않을 때 짓궂은 말이나 행동을 하는 것이 그 아이에게는 자연스러운 일이 되고 말지요.

또 아이를 꾸짖거나 가르칠 때 일부러 충격적인 표현을 사용하거나 아이를 무시하는 말을 하는 경우도 아이가 짓궂어집니다. '몇 번 말해야 알겠니?' 같은 말이 대표적입니다. 이는 '너는 무능해'라고 말하는 것과 같

아이에게 부모는 절대적인 존재입니다. 짓궂은 아이도, 친절하고 상냥한 아이도 부모가 만들지요.

지요. 여기에 '이런 것도 모르다니'라고 덧붙인다면 아이는 바로 위축되고 말지요.

아이는 그런 행동을 그대로 따라합니다. 일단은 용서를 빌거나 노력해서 그 자리를 모면하지만, 그 이후 학교에서 뭔가 서툰 일로 곤혹을 치르는 아이를 보면 '이런 것도 모르냐?'라고 말하게 되지요. 그렇게 해서 못된 아이가 생겨나는 겁니다.

친절하지 않거나 다정하지 않은 아이

친절은 아무리 사소한 행동이라도 상대방의 마음을 따뜻하게 만듭니다. 가령 교과서를 가져오지 않은 짝을 위해 함께 보자며 책을 책상 가운데로 살짝 밀어주는 작은 행동에도 기분 좋아지고 마음 따뜻해지지요.

그런데 이 사소한 일을 누구나 다 할 수 있는 것은 아닙니다. 더러는 신경도 쓰지 않는 아이들도 있지요. 잊어버리고 온 사람이 잘못한 것이라고 생각하기 때문입니다. 분명 그것도 사실입니다. 그러나 그

런 태도는 주위를 차갑게 만듭니다. 친절하지 않는 아이라는 인식도 만들지요.

여기에서 친절을 베풀지 못했다는 것 자체가 문제가 되는 것은 아닙니다. 친절도 배워가는 것이니까요. 하지만 친절하지 않다는 인식이 생기고 그것이 주위 아이들에게 전달되면 아무래도 못된 아이와 마찬가지로 꺼려지게 되지요.

또 다정한 사람이 사랑받는 것은 당연합니다. 하지만 다정함 역시 타고나는 것이 아닙니다. 어릴 때부터 부모의 말투와 행동을 통해 배우는 것이지요.

교정에서 넘어지는 친구를 보고 달려가 '괜찮냐'고 말을 걸거나 일어날 수 있도록 손을 내미는 아이들이 있습니다. 아직 어린데도 이처럼 다정한 태도를 보이는 아이를 보면 참으로 흐뭇합니다. 하지만 그아이들에게 그건 아주 일상적인 일입니다. 어릴 때부터 늘 보아온 것이니까요.

반면 넘어지는 아이를 보고도 아무 행동도 취하지 않는 아이들이 있습니다. 심지어 깔깔거리며 웃거나 조심성이 없다고 비웃는 아이도 있습니다. 그 아이들 역시 늘 보던 대로 행동하는 것이지요.

넘어진 아이의 입장에서 이런 반응은 상당히 고역스럽습니다. 이런일이 반복되면 이처럼 고역스러운 경험을 하는 아이들이 하나둘 늘어나지요. 그리고 상냥한 위로의 말을 듣지 못하는 상황이 그 아이에게 돌아오고 맙니다.

친절하지 않거나 다정함이 없는 아이에게는 공통된 요인이 있습니다. 친절이나 다정함을 경험한 일이 적다는 것입니다. 이것은 아이에게 각별한 요즘 부모들로서는 이해하기 힘든 말일 수 있습니다. 그러나 아이를 지나치게 보살펴주거나 미리 앞서서 준비를 해주고는 소위 친절을 베풀고 다정한 배려를 한다고 착각하는 것은 아닌지 생각해볼 문제입니다.

친절이나 다정함은 상대를 위한 마음입니다. 상대가 감사하거나 기뻐하지 않는다면 그것은 일방적인 '자기만족'일 뿐이지요. 예컨대, '다 널 위해 사준 건데!'라든가 '바쁜데도 모처럼 와주었는데!'라는 말을 하는 경우가 그렇습니다.

아이에게 필요 없는 배려나 보살핌이라면 아무런 의미도 없습니다. 감사의 마음은커녕 아이가 나름대로 생각하고 행동할 기회를 빼앗는 것이지요.

아이에게 필요한 배려와 마음씀이 중요합니다. 아이가 친절하고 다정한 사람이 되기를 원한다면, 나아가 친구와 잘 어울리는 활달한 아이가 되기를 원한다면, 부모의 만족감보다는 아이를 먼저 생각해주세요.

친절이나 다정함은 상대를 위한 마음입니다. 상대가 감사하거나 기뻐하지 않는다면 그것은 일방적인 '자기만족'일 뿐이지요.

취학 전에 예측할 수 있는 등교거부 아동

입학한 직후에는 학교생활에 잘 적응하지 못하는 아이들이 더러 있습니다. 그러나 집단 따돌림과 같은 심각한 상황이 아니라면 대부분은 이내 적응하지요. 그런데 간혹 결국 등교를 거부하기에 이르는 아이들도 있습니다.

등교거부를 하는 원인은 다양합니다. 아이마다 다른 원인이 있지요. 그런데 주목할 만한 것은 학교에 들어가기 전에 예측 가능한 경우도 있다는 것입니다. 제가 경험한 아이 중에서 상징적인 예를 들어보겠습니다.

A군은 입학했을 때, 공부도 잘하고 매우 성실한 아이였습니다. 선생님 말씀도 잘 듣고 상황판단도 어른 못지않은 아이였지요. 선생님 입장에서는 손이 덜 가는 아이였습니다. 그런데 동급생들과 관계에서 부자연스런 부분이 보였습니다. 아무 생각 없이 놀고 있는 아이들을 한심하다는 듯 바라본다든가, 남자아이라면 대개 열중하는 만화영화 이야기가 한창 피어올라도 대화에 끼는 일이 없었습니다.

결국 그 아이는 3학년 2학기부터 등교거부에 들어갔고, 다시 등교한 것은 5학년 말쯤이었습니다. 6학년이 되어 안정을 찾은 다음 A군의 이야기를 들어보니, 학교에서 동급생의 목소리를 듣는 것이 싫었다고 합니다. 또래 아이들의 목소리가 시끄러워서 듣고 싶지 않았다는 것입니다.

A군은 입학 전까지 또래 아이들과의 접촉이 거의 없는 생활을 해왔습니다. 외동인 A군은 부모와 셋이서 살았으며, 늘 의젓하고 어른스러운 아이였지요. 집에 오는 손님도 대부분 어른들이었습니다. 어른들 사이에서 마치 어른처럼 행동하는 애늙은이였던 거죠. 그런 A군에게 학교에 입학해 만난 또래 친구들은 그저 철없고 시끄러운 존재일 뿐이었습니다.

A군이 다시 학교에 나오기까지는 다소 시간이 걸렸습니다. 동급생들을 만나고 싶어 하지 않는 A군을 위해 처음에는 등교시간보다 30분 빨리 교문까지만 오도록 권했습니다. 교문에서 기다리고 있는 저를 만난 다음에는 집으로 돌아가도 좋다고 했지요. 그런 다음에는 가능하다면 보건실까지만 오도록 권했습니다. 그렇게 A군은 아주 서서히 학교 안으로 들어오게 되었습니다.

A군이 교실 안으로 들어오게 된 이후에는 아이들이 도움을 주었습니다. 이미 고학년이 된 아이들 중에는 A군에게 상냥하게 말을 거는 아이들이 있었습니다. 아이들이 조금씩 다가가 이야기를 나누는 동안 A군도 마음을 열고 친구가 되었지요. 그런 상황을 거쳐 A군은 학교로 돌아올 수 있었던 것입니다. 물론 부모의 눈물겨운 노력도 있었지만, 저는 A군에게 다정하게 말을 걸어준 아이들에게 교사로서 지금도 감사하고 있습니다.

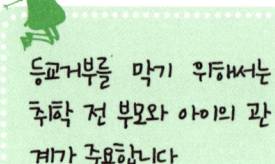

등교거부를 막기 위해서는 취학 전 부모와 아이의 관계가 중요합니다.

이처럼 아이가 또래의 아이들과 친숙해지지 못한다는 것은 심각한 상황을 일으킬 수 있습니다. 이 경우, 그리고 이 외 등교거부의 경우에서 공통적으로 말할 수 있는 것은 취학 전의 부모와 아이의 관계가 중요하다는 것입니다. 가정에서 아이를 대하는 방법, 아이의 세계를 확장하는 방법, 흥미를 유도하는 것 등 부모가 조금만 신경을 쓴다면 곤란한 상황은 얼마든지 피할 수 있습니다.

3장

기품 있는 아이가
갖추어야 할 상식

01

기본 생활습관

아이의 품격과 생활습관

'생활습관병'이라는 단어가 일반화된 지도 오래되었습니다. 그만큼 생활습관이 사람에게 많은 영향을 끼친다는 것이겠지요. 그것은 육아에 있어서도 마찬가지입니다. 정말 생활습관은 아이의 성장에 지대한 영향을 미치지요. 그뿐인가요, 아이의 인격이나 품격 역시 생활습관에서 형성된다고 해도 지나치지 않습니다.

좋은 학원에 다니고 우수한 가정교사가 매일 반복교육을 시킨다고 해도, 일상생활에서 아이가 배우는 것을 뛰어넘을 수는 없습니다. 일상생활에서 배우는 하나하나는 사소한 것이어도 그것들이 바탕이 되어 아이의 건강과 인격과 지적능력이 형성되기 때문이지요.

빨리 먹거나 간식을 많이 먹는 식생활 습관은 비만으로 이어지고, 밤늦게 잠드는 습관은 수면부족으로 인한 집중력 저하는 물론이고 성격이 급한 아이로 만듭니다. 신중하고 계획적인 아이, 기품 있는 아이로 만드는 것 역시 생활습관입니다.

생활습관은 태어나는 순간부터 형성됩니다. 그뿐이 아닙니다. 태내에 있을 때에도 부모의 생활 사이클이 태아에게 무시할 수 없는 영향을 미친다고 합니다. 수유기나 이유기에도 마찬가집니다. 부모의 생활 사이클은 아이의 사이클을 좌우하지요. 예절을 포함한 생활습관에 신경을 쓰기에 너무 이른 시기란 없습니다. 게다가 한번 형성된 생활습관은 되돌리기가 무척 어렵습니다.

꼭 익혀야 할 생활습관 ꠰꠰꠰꠰ꠧ꠰ꠧꠧ꠰ꠧꠧ꠰

한 마디 말로 모든 걸 배우고 익히면 얼마나 좋을까요. 하지만 그럴 수 있는 사람은 없습니다. 더욱이 어린 아이는 그럴 수 없지요. 아이가 익혀야 할 것들은 가정에서 생활하는 동안 자연스럽게 가르쳐야 합니다. 시간이 걸리고 노력이 필요하지만 가장 확실한 방법이지요. 부모의 솔선수범이 중요한 까닭이 여기에 있습니다.

가정에서 익힐 수 있는, 기본이 되는 생활습관이란 다음과 같은 것들입니다.

아침 일찍 일어나기

어릴 때는 특히 일찍 자고 일찍 일어나는 습관을 붙여주세요. 미취학 아동은 밤 8시에, 초등학생은 9시경에는 취침했으면 합니다. 부모의 사정이나 아이의 고집으로 취침시간을 늦추기 시작하면 낮 동안의 생활이 힘들어지고 생활리듬도 깨어지게 됩니다. 아침에 일찍 일어나려면 반드시 일찍 자야 합니다.

수면, 식사, 운동의 균형

수면이나 운동이 부족하거나 영양이 편중되면 아이의 생활이나 발육의 균형도 무너집니다. 자라나는 아이들에게 이 세 가지는 어느 것도 소홀할 수 없는 것들이지요. 부모의 형편이나 사정과는 상관없이 잠자리에 드는 시간을 지키는 습관을 갖게 하고, 상쾌한 기분으로 일어나 아침밥을 꼭 먹도록 해주세요.

또 아이가 체조교실이나 축구교실, 발레스쿨 등에 다닌다고 해서 운동이 충분하다고 생각하지 말고, 일상생활 속에서 걷고 집밖에서 뛰어놀 기회를 자주 만들어주세요. 평소 활기차게 몸을 움직이는 습관은 아이의 발육은 물론이고 평생의 건강을 보장해줍니다.

체내시계 만들기

앞에서도 말했듯이, 규칙적인 생활 사이클이 생기면 자연히 체내시계가 형성됩니다. 아침에 상쾌하게 일어나고 기분 좋게 아침을 먹고 시원히 배변할 수 있습니다. 오전 중에 충분한 활동을 하면 적당한 공복을 느끼며 점심식사를 할 수 있지요. 이렇게 시작되는 오후에도 적절한 활동이 이루어진다면 뒤이어 저녁식사나 잠자리에 들기까지 활기찬 하루가 계속됩니다.

이런 생활이 반복되면 자연스럽게 규칙적인 체내시계가 완성됩니다. 부모가 3세까지 만들어준 습관은 적어도 초등 저학년까지는 계속 유지됩니다.

잘 씹어 먹기

식생활의 변화로 무느럽고 먹기 쉬운 음식들이 늘어나는 반면 천천히 씹어 먹어야 하는 음식은 줄고 있습니다. 그러나 잘 씹는 습관은 매우 중요합니다. 소화를 돕는 것은 물론이고 부교감신경을 자극해 면역력도 높이고 긴장을 풀어주는 효과도 있습니다. 또 타액이 많이 나오니까 충치 예방도 됩니다. 턱뼈나 얼굴 근육이 단련되고 뇌로 가는 혈류가 촉진되며 프로틴이 분비되어 뇌의 활성화에 도움을 줍니다. 게다가 비만예방에도 효과가 있고, 눈 주변 혈류를 좋게 해 눈의 피로를 잡는 작용도 합니다.

잘 씹는 것 하나만으로 좋은 점이 정말 많지요? 이처럼 좋은 습관이니 꼭 아이에게도 가르쳐주세요.

손 씻고 양치하기

아이가 점점 자라 활동범위가 넓어지면 넓어질수록 오염이나 세균에 더 많이 노출됩니다. 손 씻고 양치하는 것은 그로 인한 감염의 위험을 줄이는 가장 쉽고 좋은 방법이지요. 누구나 다 아는 이야기라고요? 맞습니다. 아이에게도 이런 내용을 설명해주세요.

그냥 해야 하는 일이라고만 하면 대부분 귀찮아하지요. 하지만 청결해야 하는 이유를 충분히 알면 습관을 들이기가 쉽고, 일단 습관이 들면 상쾌해지는 느낌을 좋아하게 됩니다. 덧붙여, 손수건이나 휴지를 갖고 다니는 것도 함께 익혀두면 좋겠습니다.

규칙 지키기

아이가 규칙을 거부하지 않고 자연스럽게 익히게 하려면 재미있는 게임을 통해 가르치는 것이 효과적입니다. 게임은 되도록 단순하고 여러 번 반복하는 것이 좋겠습니다. 규칙은 지키는 것이라는 생각을 자연스럽게 익힐 수 있도록 말입니다.

한번쯤 부모가 일부러 규칙을 깨는 것도 효과가 있습니다. 아이한테서 '나빠'라는 말이 나오면 솔직하게 사과하면서 규칙을 지키는 것의 중요함을 실감하게 합니다. 물론 여러 번 규칙을 깨뜨리면 오히려 역효과가 나겠지요.

또 교통규칙을 지키지 않으면 얼마나 위험한지 알게 하는 것으로도 규칙의 중요함을 가르칠 수 있습니다.

인사하기

아이가 인사하지 않는다고 한탄하는 부모가 많은데, 우선 스스로를 돌아볼 필요가 있습니다. 어른들 중에도 인사말을 건네며 인사하는 사람은 의외로 적습니다. 아이가 소리 내어 인사하게 만들려면, 부모가 먼저 본보기가 되어주세요.

예컨대, 아침에는 아이를 보면 '안녕!' 혹은 '잘 잤니?'라고 먼저 인사해주세요. 아침에 깰 때마다 반복해서 들으면 아이도 저절로 인사하게 되지요.

때와 장소에 맞는 인사나 예를 갖추는 말도 부모가 적절한 상황에서 직접 보여주는 것이 가장 효과적인 '습관 들이기'가 됩니다.

사과하기 ❁

사과하는 것은 인사하는 것만큼이나 중요한 일입니다. 잘못을 인정하고 개선하기 위해 노력하는 사람이 사회에서 환영받는 것은 당연하지요. 또 자신의 작은 실수로 불편해할 상대를 배려하는 한마디 말은 원활한 인간관계와 품위 있는 생활을 위해 반드시 필요한 습관입니다.

실수했을 때 솔직히 잘못을 인정하고 사과하는 습관은 어릴 때부터 몸에 배어야 합니다. 사람으로서 갖추어야 할 품위에 관한 것은 특히 일찍부터 익혀야 하지요.

먼저 부모가 사과하는 방법을 보여주세요. 뭔가 실수나 잘못이 있을 때, 상대가 아이라고 해서 애매하게 말하지 말고 제대로 인정하고 깔끔하게 사과하는 자세를 보여주세요. 그러면 아이도 의식 있고 정정당당한 사과를 할 수 있게 될 것입니다.

세밀한 작업시키기 ❁

어떤 일이든 아이에게는 무리일 것이라는 부모의 생각은 아이의 성장에 도움이 되지 않습니다. 뭐든 우선 하게 해보세요. 섬세한 작업이나 손재주가 필요한 것은 조금씩 단계별로 하게 하면 됩니다. 처음부터 잘할 수는 없지만, 스스로 해봄으로써 나아지고 있다는 기쁨이나 성취감을 맛볼 수 있지요. 또 스스로 하려는 습관이 생기는 것은 물론이고, 뇌에 자극이 되어 뇌의 발달이 이루어집니다.

상하, 전후, 좌우 가르치기 ·:·

아이에게 말할 때에는 정확한 단어를 사용하는 것이 중요합니다. 애매하고 모호한 표현은 아이에게 혼동을 줄 뿐만 아니라 언어습득에도 도움이 되지 않지요. 방향을 지시할 때도 마찬가집니다. 보통 이쪽, 저쪽이라는 말하는 경우가 많은데, 앞과 뒤, 위와 아래, 오른쪽과 왼쪽 등 정확하게 말해주세요.

특히 오른쪽과 왼쪽은 일부러 시간을 두고 가르치지 않으면 안 됩니다. 꽤 커서도 헷갈려하는 아이들이 의외로 많거든요. 대부분 앞과 뒤, 위와 아래는 따로 가르치지 않아도 쉽게 이해합니다.

하지만 이해한다고 해서 정확하게 말하는 습관이 붙는 것은 아닙니다. 물건을 정리하거나 찾을 때 '더 오른쪽에 두어라'라든가 '왼쪽에 있다'라고 구체적으로 말해주세요. 또 연령이 높아지면 '바로 앞'이나 '맞은편', '속과 겉' 같은 3차원적인 위치도 익히는 게 좋습니다.

기품 있는 대화를 위한 습관 \|\|\|\|\|\|\|\|\|\|\|\|\|

마주보며 대화하기 ·:·

부모와 자녀가 얼굴을 마주하고 대화하는 것은 당연한 일이지만, 어른이나 아이나 너무 바쁜 현대에는 그런 기회가 현저히 주는 듯합니다. 생활패턴이나 업무패턴이 달라진 것도 영향을 미치지요. 이메일이나 문자가 일반화되면서 직접 만나는 것은 물론이고 전화로 대화하는 일도 줄고 있습니다. 따라서 의식적으로 얼굴을 마주하고 대화하는 기회를 만들 필요가 있습니다.

가족이 모두 식탁에 둘러앉아 식사하고 아침저녁으로 잠시나마 아이의 얼굴을 보며 대화하면, 가족간의 온정을 느끼고 대화하는 즐거움을 아는 아이로 자랍니다.

대답하기

대답은 대화의 기본입니다. 대답도 하지 않는 사람과 대화하는 것은 불가능하니까요. 그런데 대답을 정확하고 분명하게 하지 못하는 아이가 적지 않습니다. 예컨대, 부르는 소리를 듣고도 대답은 하지 않은 채 보기만 한다거나, 소리 내어 대답은 하지만 다른 곳을 보고 있는 아이들이 많지요. 평소 소리 내어 대답하도록 배우지 못했거나, 책이나 텔레비전에서 눈을 떼지 않은 채 대답하는 습관이 든 것이죠.

이런 습관은 성인이 된 후에도 계속됩니다. 사회인이 되어 상사가 불러도 얼굴도 들지 않고 대답한다거나 병원 접수창구 같은 곳에서 이름을 불러도 대답하고 일어서는 사람이 많지 않은 것도 현실입니다.

> 직접 만나는 것은 물론이고 전화로 대화하는 일도 줄고 있습니다. 따라서 의식적으로 얼굴을 마주하고 대화하는 기회를 만들 필요가 있습니다.

아이가 부르면 의식적으로 얼굴을 돌려 분명한 목소리로 대답해주세요. 하던 일을 멈추고 일단 아이에게 집중하는 부모의 모습에서 아이가 배울 수 있도록 말입니다.

듣는 습관 기르기

다른 사람의 이야기에 귀를 기울이는 것은 누구나 할 수 있을 것 같지만, 실제로는 잘 듣는 사람은 적습니다. 귀 기울이며 듣는 사람을 만나 기분 좋았던 기억을 떠올려보세요. 그런 기억이 나는 것 자체가 그런 사람이 많지 않다는 것을 의미하지 않을까요?

다른 사람의 말을 듣는 습관 역시 부모와의 대화에서 익힙니다. 정리되지 않은 아이의 말이 이해하기 힘들더라도 시선을 맞추면서 꼼꼼하게 들어주세요. 자신의 이야기에 귀를 기울이는 부모의 모습을 통해 아이는 남의 말을 차분히 듣는 자세를 익히게 됩니다. 남의 이야기를 경청하는 습관은 유치원이나 학교에서 선생님 말을 듣고 집중하며 지시대로 행동하는 데 반드시 필요한 것입니다.

남의 이야기를 듣는 습관 역시 어릴 때 굳어지면 어른이 된 이후까지 지속됩니다. 즉, 어릴 때 습관을 들이지 않으면 어른이 되어서도 경청하지 못하게 된다는 말이지요.

품격을 키우는 독서습관 \|\|\|\|\|\|\|\|\|\|\|

아이에게 익혀두고 싶은 습관으로 가장 많은 부모들이 꼽는 것이 바로 '독서'입니다. 초등학교에 입학하기만 해도 아이의 독서습관이 얼마나 중요한지 깨닫게 되지요. 중학교나 고등학교는 말할 필요도 없습니다. 독서 내용이나 양에 따라 정서적인 면은 물론이고 보통 부모들이 그토록 바라는 학습능력에서도 정말 많은 차이가 드러나지요. 하지만 아이에게 독서습관을 붙이기란 쉽지 않습니다.

우선 아주 어릴 때부터 책을 읽어주는 것이 좋습니다. 잠자리에 들기 전과 같은 특정한 시간을 정해, 그 시간은 반드시 책을 읽는 습관을 들이는 것입니다. 또 아이가 늘 책을 가까이 할 수 있도록 준비해주는 것도 중요합니다. 언제든 눈이 가거나 생각이 나면 펼쳐볼 수 있도록 손닿는 곳에 놓아두거나, 아이의 성장과정에서 흥미를 보일 만한 책들을 구해줍니다.

아직 말도 하지 못하는 아이가 텔레비전에 나오는 나비를 보고 나비가 나오는 그림책을 가져와 펴보이는 모습을 보고 감동한 어머니를 만난 적이 있습니다. 책을 늘 읽어주던 어머니는 그 장면에 나비가 나오는지도 모를 만큼 작은 나비였는데도 말이에요. 그런 일이 있은 후 어머니는 더욱 열심히 책을 읽어주었고 아이는 더 자주 책을 펼쳐보이게 되었다고 합니다.

사실 이런 예는 무척 많습니다. 아직 어릴 때 습관을 들이는 게 중요한 이유가 바로 여기에 있지요.

아이에게 독서하는 습관을 들이기 위해 또 하나 필요한 것은 다른 가족들의 책 읽는 습관입니다. '학자 집안 아이는 책을 자주 읽게 된다'고 말하는데, 부모가 책 보는 시간이 길면 아이도 저절로 책을 보게 된다는 거지요. 환경이 중요한 것은 당연합니다. 반대로 만약 부모가 인터넷 게임만 하고 있다면 아이는 당연히 책과는 멀어지고 그쪽을 향해갑니다.

아이에게 독서습관을 익히고 싶다면 우선 부모가 독서습관을 들이고 그것을 아이에게 보여주세요. 아이는 부모를 보고 자란다는 것을 꼭 기억해야 하지요.

독서 내용이나 양은 정서적인 면은 물론이고 부모들이 그토록 바라는 학습능력에서도 많은 차이가 나게 합니다.

02

꼭 갖추어야 할 매너

집안에서 배우는 매너

지금까지 아이의 바른 생활습관을 위해 길러야 할 것들을 나열해보았습니다. 이제 매너 좋은 아이로 키우기 위해 가르쳐야 할 것들을 정리해보려고 합니다. 집에서 가르칠 수 있는 것, 집 근처 야외에서 가르쳐야 할 것들, 외출했을 때나 여행지에서 가르칠 것으로 나누어 설명하기로 하겠습니다.

아이들이 익혀야 할 것들은 일일이 나열하기도 힘들 정도로 많습니다. 언제 그렇게 많은 것을 다 가르치느냐 생각하겠지만 아이와 생활하다 보면 자연스럽게 보여주고 가르치게 됩니다. 그러는 동안 아이는 자연스럽게 배우고 익혀갑니다. 부모가 최고의 선생님인 까닭은 바로 이 때문이지요. 어느 누구도 부모처럼 많은 시간을 아이와 함께 보낼 수 없으며, 어느 누구도 부모만큼 아이와 친밀한 관계가 될 수 없기 때문입니다.

그런데 당연하게 할 수 있으리라 생각되는 일도 실제로는 잘 못하는 아이가 많습니다. 여기에 모아둔 구체적이고 세세한 것까지 익혀 매너 좋은 아이로 자라길 바랍니다.

혼자 있기 체험

초등학생 기간 동안에 혼자 있기를 경험하게 해주었으면 합니다. 혼자 집에 있을 때, 찾아오는 손님이나 걸려오는 전화에 대응하는 일은 아이 입장에서 보면 상당히 어렵습니다. 각각의 대응방법도 배우고, 혼자 있는 시간을 조금씩 늘려 자립심도 기르도록 해주세요.

물론 사고를 방지하는 방법도 익혀두어야 합니다. 특히 수돗물, 가스, 전기, 가전제품 등을 다루는 일이나 문단속하는 방법은 충분히 가르쳐두어야 하지요. 부모와 함께 있으면 알게 모르게 부모에게 의지하게 되지만, 혼자 있는 경험은 스스로 해낸다는 책임감을 갖게 하는 좋은 기회도 됩니다.

세면대를 사용하는 매너

우선은 아침저녁으로 세수하고 식후에 양치하는 습관을 들여야 합니다. 그리고 그와 더불어 세면대를 깨끗이 사용하는 습관, 물장난을 하고 난 다음에는 정돈하는 습관도 들여야 합니다. 또 이를 닦는 동안은 물을 잠그는 것이나 치약의 캡을 닫는 것 등도 자세히 가르쳐둡시다.

쓰레기 처리

아직 어린 아이의 경우, 아무데나 쓰레기를 버리는 경우는 많지 않습니다. 대부분 아이들은 쓰레기를 쓰레기통에 넣는 것을 놀이처럼 여기면서 배웁니다. 그럴 때마다 칭찬해주면 부모가 버려달라고 부탁하는 쓰레기까지 기쁘게 받아 넣지요.

그런데 조금 크면 상황이 바뀝니다. 길이나 공원에서처럼 쓰레기통이 근처 없는 경우, 아이는 잠시 고민을 합니다. 그럴 때 대부분의 부모는 그걸 받아 들고 있다가 쓰레기통 근처에 가면 대신 버려주지요. 아이로서는 아주 편한 방법인 거죠. 또 간혹 아이가 버리지 않고 준 쓰레기를 그 자리에서 바닥에 버려버리는 부모도 있습니다. 그로써 아이는 쓰레기를 들고 걷는 수고는 할 필요가 없다고 배웁니다.

쓰레기를 쓰레기통에 버리는 것은 언제 어디서든 지켜야 할 예절입니다. 내가 불편하다고 지키지 않으면 다른 많은 사람들이 불편해지지요.

아이에게 쓰레기는 쓰레기통에 넣고, 나아가 재활용 가능한 것들은 분리해서 넣도록 가르쳐주세요. 또 외출했을 때의 쓰레기 취급방법도 가르쳐주세요. 가령 쓰레기통이 근처에 없을 때에는 불편하더라도 들고 가거나 가방 속에 넣도록 말입니다.

신발을 가지런히 벗어놓는 것도 익혀야 합니다. 아무렇게나 벗어놓은 신발을 보면 대신 정리하지 말고 아이를 불러 주의를 주고 스스로 정돈하게 해주세요.

신발 가지런히 놓기

신발을 가지런히 벗어놓는 것도 익혀야 합니다. 아무렇게나 벗어놓은 신발을 보면 대신 정리하지 말고 아이를 불러 주의를 주고 스스로 정돈하게 해주세요. 처음에는 시간도 걸리고 귀찮을지도 모릅니다. 하지만 몇 번 반복하면 아이는 이내 습관을 들이고, 그 이후로는 쭉 신발을 가지런히 벗게 됩니다. 아이에게 현관의 신발정리 당번을 시켜보는 것도 좋은 방법입니다.

옷 바르게 입기와 정리하기

우선 옷을 입을 때에는 앞뒤와 안팎을 구분해야 합니다. 앞뒤는 태그나 목둘레 파임의 크기로 구분할 수 있지요. 스웨터처럼 앞뒤를 혼동하기 쉬운 옷은 바닥이나 침대 위에 등쪽이 위를 향하도록 펼쳐놓은 다음 머리를 끼우고 소매를 끼우도록 가르치면 좋겠습니다.

앞뒤를 돌려 입으면 목이 불편해 금방 알 것이라고 생각하겠지만, 아이들은 별로 느끼지 못합니다. 아이가 옷을 입기 전부터 어느 정도 판단할 수 있도록 가르쳐주면, 그 과정에서 한 번 더 생각하거나 세세하게 파악하는 능력이 길러집니다. 겉과 안의 경우, 박음질 부분이나 색, 무늬, 감촉 등 실제로 옷을 만져보면서 이야기해주면 좋겠습니다.

뒤집지 않고 벗는 것도 가르쳐야 합니다. 셔츠 소매나 바짓가랑이 등을 뒤집어 벗는 것은 편하지만, 조잡하고 깔끔하지 못한 인상을 줍니다. 게다가 다시 뒤집는 수고를 들여야 하지요.

벗어놓은 옷을 정리할 때에는 좌우의 소매를 서로 맞추거나 박음질 선을 맞추도록 가르치면 아이라도 깔끔하게 갤 수 있습니다. 옷을 잘 벗고 잘 정리하는 아이는 어디에서든 환영받고 사랑받으며 생활할 수 있습니다.

수 세기, 날짜, 시간 익히기

사물의 수를 셀 때, 당근은 한 개, 색종이는 두 장, 연필은 두 자루 등 단위도 함께 알려주세요. 아이와 외출했을 때에도 '나무가 한 그루 있네', '차가 석 대 세워져 있네', '비둘기가 두 마리 날고 있구나'처럼 정확하게 말해주세요. 아이와 함께 세어보는 것도 좋겠습니다.

또 달력 보는 법도 알아야 합니다. 월, 요일, 주 같은 개념이나 그 순서, 계절 감각, 그 달의 행사 등도 알려줍니다. 일상적으로는 12시간제로 오전과 오후를 사용해 시각을 말하는 일이 많은데, 버스나 전철 시간표는 24시간제이니까 이것도 가르칠 필요가 있습니다.

상황에 맞는 복장 갖추기

아이라고는 해도 외출복과 실내복, 잠옷 정도는 구분할 수 있어야 합니다. 나아가 경조사에 맞는 옷, 나들이에 적당한 옷, 날씨나 계절에 맞는 옷, 바다나 산으로 갈 때 입는 운동기능이 있는 옷 등 그 자리나 목적에 맞춘 복장이 있다는 것도 알려주세요. 여름이라고 해도 산이나 바다에서는 긴 소매 옷이 필요할 수 있습니다. 모기나 벌레를 막기 위해 긴 옷이 필요한 경우도 있지요.

신발에 대해서도 마찬가지입니다. 여름이라고 해서 늘 비치샌들을 신어서는 안 되지요. 반대로 옷에 어울리지 않는다고 장마철인데도 장화를 신지 않는 것도 자연스럽지 않습니다.

상황에 맞는 복장에 대해 아이가 흥미를 보이면, 그때그때 어떤 옷을 입는 것이 좋겠느냐고 아이에게 물어보는 것도 좋은 방법입니다. 아이에게는 상당히 복잡한 문제이겠지만 서서히 상식적인 판단이 가능히게 될 것입니다. 만약 아이가 상황에 맞지 않는 대답을 한다면 '어째서 이것이 좋다고 생각하니?'라고 물어 아이 나름의 생각을 일단 들어본 다음, 올바른 쪽으로 유도해주세요.

품위 있는 식사예절 \|\|\|\|\|\\\|\\\|\\\|\\\|

무엇보다 먼저 '잘 먹겠습니다'와 '잘 먹었습니다'라고 인사하도록 가르쳐야 합니다. 그런 다음에는 음식을 씹을 때에는 입을 다문 채 씹고, 음식이 입 안에 있을 때에는 말하지 않도록 합니다. 또 식사 중에 돌아다녀서는 안 되지요.

하지만 함께 식사하는 가족이나 친구와 대화를 나누는 것은 식사를 즐겁게 합니다. 조리법이나 음식 재료를 통해 영양이나 계절감각에 대해 이야기를 나누는 것도 좋겠습니다. 흥분해서 큰 소리로 이야기하거나 웃음소리가 지나치게 크지만 않도록 주의하면 식사 중 대화는 가족 간의 유대감을 더욱 돈독하게 할 것입니다.

외식을 하거나 학교에서 급식을 할 때에는 조금 다릅니다. 많은 사람이 함께 먹는 자리에서는 큰 소리가 아니어도 모두 이야기를 시작하면 꽤 소란스럽지요. 이럴 때에는 꼭 필요한 말만 작은 목소리로 이야기하고 가능한 삼가는 편이 더 좋습니다.

아이 혼자 식사하는 일은 없도록 해주세요. 정서적인 면에서 좋을 리도 없지만 식사예절이나 편식하지 않는 식습관을 배울 수도 없으니까요.

또 아무리 간편한 것이라 해도 음식을 서

식사예절도 장소에 따라 조금씩 다릅니다. 상황에 따른 예절을 익힐 수 있도록 해주세요.

서 먹거나 걸으면서 먹는 것, 버스나 전철 같은 공공장소에서 먹는 것
도 피해야 합니다.

식당에서 식사할 때

사회생활을 하면서 가장 혐오스러운 경우에 대해 조사한 내용을 보
면, 식사예절에 관한 것이 절반 이상을 차지합니다. 그런데 식사예절
을 자연스럽게 익히는 데에는 시간이 필요하지요. 따라서 어릴 때부터
많은 기회를 주어 익숙하게 하는 것이 가장 좋겠습니다.

양식의 경우는 포크와 나이프를 다루는 방법부터 시작합니다. 다음
은 소리 내지 않으며 떨어진 포크를 스스로 줍지 않는 것 등을 조금씩
가르쳐 나가면 충분합니다.

중화요리의 경우는 턴테이블이나 손으로 먹는 요리 등 아이가 재미
있어 할 요소들이 많지요. 사용하는 젓가락도 우리나라와는 조금 다
릅니다. 하지만 밥이나 면 등 서로 비슷한 부분도 있으므로 자연스럽
게 익힐 것입니다.

수저 사용법

수저 사용법 역시 어릴 때 익혀두어야 합니다. 특히 젓가락은 시간
을 들여서라도 올바르게 쥐도록 가르쳐주세요. 음식을 집을 수만 있
다면 아무렇게 쥐어도 상관없다고 생각하는 사람들도 많은데, 그렇

지 않습니다.

바른 태도와 바른 자세를 갖춘다는 것은 바르게 생각하고 바르게 사는 문제로 연결됩니다. 또 젓가락의 경우 바르게 잡아야 정교하게 사용할 수 있고 손가락 근육의 발달과 뇌에 대한 자극도 충분히 이루어집니다.

다음은 수저를 사용할 때 특히 주의해야 할 행동들입니다. 이 외에도 수저 끝을 핥거나 빠는 행동, 식탁에서 나무젓가락을 서로 문질러 매끈하게 다듬는 행동, 젓가락을 테이블에 세워 들고 있는 행동 등도 예절에 어긋납니다.

〈수저를 사용할 때 해서는 안 되는 행동〉

● 젓가락으로 음식을 찔러 먹는다.

● 수저로 음식을 헤집으면서 뭘 집을지 망설인다.

● 수저를 든 채 그릇을 집는다.

● 그릇에 입을 대고 수저로 음식을 쓸어넣는다.

● 수저 특히 젓가락으로 사람이나 물건을 가리킨다.

● 이미 입 안에 있는 음식을 수저로 밀어넣는다.

● 수저로 그릇을 움직인다(끌어온다).

● 수저로 음식을 주고받는다.

● 수저로 그릇을 두드린다.

식사하는 시간 맞추기 ✦✦✦

식사시간은 '잘 먹겠습니다'에서 '잘 먹었습니다'까지 인사로 구별됩니다. 그 사이에는 서 있거나 돌아다니거나 뛰어다니며 놀아서는 안 되지요.

이것은 식사를 준비한 사람에 대한 예의인 동시에 함께 식사하는 사람에 대한 예의이기도 하지요. 음식을 만들어준 것에 감사하고 집중해 즐기면서 먹는 것도 예절의 하나이니까요.

또 함께 식사하는 사람들과 함께 시작하고 함께 끝나도록 보조를 맞출 줄도 알아야 합니다. 혼자 재빨리 먹고 먼저 자리에서 일어나는 것이나 너무 느려서 다른 사람들을 기다리게 하는 것도 예의에 어긋나지요.

집 주변에서 배우는 매너 \|\|\|\|\|\|\|\|\|\|\|\|

집 주변을 산책할 때나 근처 슈퍼까지 물건을 사러갈 때도 아이에게 해줄 수 있는 것은 많습니다. 부모에게는 항상 익숙한 풍경, 몸에 밴 행동이라도 아이에게는 배워야 할 중요한 상황인 것입니다. 잠깐이라도 근처로 외출하는 시간을 활용해 아이에게 알려줄 수 있는 것들에 대해 알아보겠습니다.

이웃사람에게 인사하기 ∴

이웃사람을 만났을 때 낯선 사람이 아닌데도 부모 뒤로 숨는 아이도 있습니다. 아이가 성장하는 과정에서 일시적으로 나타나는 낯가림인 경우도 있고, 아이의 성격이 내성적인 경우도 있지요. 어떤 경우든 반갑게 인사하는 부모의 모습을 반복해 보면 이내 자연스럽게 인사하게 됩니다. 그러니 나무라거나 포기하지 말고 함께 집을 나설 때면 언제나 인사하도록 북돋우어주세요. 함께 다닐 때 못 하면 혼자서는 더욱 하기 힘들지요.

산책의 요령 ∴

산책을 하는 경우, 가장 먼저 교통규칙에 대해 설명해야겠지요. 신호등 색깔이 의미하는 바는 물론이고 횡단보도를 건널 때에는 손을 들어 건너겠다는 의사를 운전자에게 전해야 한다는 것도 일러줘야 하지요. 또 골목길을 걸을 때에는 자전거에 주의하고, 혼잡한 길에서는 다른 사람에게 방해가 되지 않도록 걸어야 한다고 말해주세요. 쓰레기를 버리지 않는 것도 빼놓을 수 없지요.

사소한 것이라도 신경 쓰이는 것은 그 자리에서 바로 가르쳐주세요. 아이는 시야가 좁고 하나에 집중하면 다른 것을 보지 못하지요. 따라서 주변에 주의를 기울이면서 걸어야 한다는 것을 꼭 알려주어야 합니다. 차가 다니지 않는 공원길이라 해도 자전거나 다른 사람과 부딪히지 않도록 주의해야 하지요.

또 자연의 경치나 사람들의 움직임, 간판과 건물 등등 눈에 보이고 귀로 들리는 모든 것에 흥미를 가질 수 있도록 이끌어주세요. '저건 무슨 가게의 간판일까?', '이 꽃은 무슨 색이지? 이름이 뭘까?', '저 사람 뭘 하고 있는 것 같아?' 등 아이에게서 관심을 이끌어낼 만한 계기는 얼마든지 찾을 수 있습니다. 사물과 다른 사람에 흥미를 갖는 습관은 아이의 지적 성장과도 연결되지요.

범죄, 재해에 대처하기

모르는 사람이 말을 걸어왔을 때 어떻게 대응해야 하는지도 제대로 가르쳐두어야 합니다. 우선 개인정보에 대해서는 대답하지 않아야 합니다. '아빠 회사 이름이 뭐야?', '언니는 어느 학교에 다니니?', '엄마는 보통 몇 시쯤 돌아오시니?' 등은 실제로 어린 아이들이 유괴범에게 질문을 받은 적이 있는 내용입니다.

재해에 대처하는 방법도 가족이 함께 연습해두세요. 학교나 유치원에 있을 때에는 선생님의 지시에 따르면 되지만, 등·하굣길이나 밖에서 놀 때처럼 아이가 혼자 있을 때도 당황하지 않고 미리 정해둔 장소로 가게 합니다. 또 평소 아이와 함께 걸을 때 표시가 될 만한 건물이나 장소를 알려두어 길을 잃는 경우를 대비해야 합니다. 이것은 위치나 거리 등의 공간개념을 익히는 데에도 도움이 되어, 길을 잃는 것을 미리 막는 역할도 하지요.

아이에게 이처럼 세세한 안전교육을 반드시 해야 합니다. 휴대전화가 있는 경우 '무슨 일이 있으면 일단 엄마한테 전화해'라고만 말해두고 세세한 안전교육은 시키지 않는 부모들이 많은데, 아주 위험한 일입니다. 재해 때는 사용하지 못하는 경우도 있고, 통화가 되지 않으면 휴대전화만 믿고 있던 아이가 패닉상태에 빠져버리기 때문입니다. 실제로 그런 일이 있다고 합니다.

쇼핑할 때 경제 감각 키우기

금전 감각에서도 품위가 드러나므로 기본적인 것부터 아이의 성장에 맞춰 일러주어야 합니다. 처음에는 돈은 소중하게 여겨야 한다는 점, 남에게 빌리는 것은 아니라는 점부터 가르쳐 나가면 되겠습니다.

아이와 함께 쇼핑하는 것은 경제 감각을 기르는 아주 좋은 기회입니다. 장볼 목록을 작성하는 과정에서부터 다양한 상품 중에 살 것을 선택하고 계산하기까지 아이에게는 더없이 좋은 기회가 되지요. 왜 그 물건을 사는지, 용량이나 재료, 가격 등 물건을 고를 때 유심히 봐야 할 것은 뭔지 이야기해주세요. 물건을 살 때 여러 가지 생각을 하고 사는 습관이 익혀집니다.

유치원에 다니는 아이라면 500원이나 1000원을 주고 뭔가를 사오게 해보는 것도 좋겠습니다. 계산을 못 하더라도 갖고 있는 돈으로 부족한지 아닌지, 또 갖고 싶은 만큼 다 살 수는 없다는 것, 잔돈을 받는 것 정도는 알 수 있어 좋은 경험이 됩니다. 이러한 일을 반복하는 동안 경제 감각이 익혀지지요.

여행할 때 배우는 매너

여행을 떠나거나 외출하는 경우 평소에는 못 하는 경험을 하게 됩니다. 물론 기본적인 예의나 예절이 몸에 밴 아이라면 언제 어디서든 충분히 즐기면서 남들에게 피해가 가지 않도록 행동하지요.

하지만 그렇다고는 해도 아이가 평소 접하지 못한 상황은 언제든 벌어질 수 있습니다. 예컨대 대중교통을 이용할 때나 공공장소에서의 예절 등을 그때마다 일러두어 외출이나 여행을 아이가 성장할 기회로 만들어주세요.

전철이나 버스 탈 때

여행이나 외출은 대중교통을 이용하는 에티켓을 가르칠 좋은 기회입니다. 우선 줄을 서서 기다리고 순서대로 승차하거나 하차해야 하지요. 또 승차한 후에는 손잡이를 잘 잡고 떠들지 않으며, 좌석에서 서 있거나 출입구를 막고 서는 일은 없어야 합니다. 나이 많으신 어르신에게 자리를 양보하는 것도 배워야 하죠.

아이가 아직 어릴 때에는 이처럼 세세한 것까지 신경을 써서 가르치는 것이 필요합니다. 하지만 전철이나 버스에서 지루해하거나 심심해하는 아이에게 강압적으로 얌전히 앉아 있으라고만 할 수는 없지요. 이때는 역 이름을 외우거나 버스 노선을 통해 지리를 익히는 것도 좋은 방법입니다. 운임을 계산하거나 눈에 띄는 숫자로 숫자놀이를 하는 등 아이의 흥미나 관심에 맞춰 다양한 놀이를 하는 것도 좋겠지요.

화장실을 사용할 때

집에서 사용하는 것과 다른 변기를 사용해야 할 경우 당황하는 아이들이 많습니다. 요즘은 대부분 좌변기를 사용하지만 공공화장실에는 아직 재래식 변기가 설치되어 있는 곳도 많지요. 학교에서 처음 재래식 변기를 사용하는 아이들 가운데 앉는 방향을 몰라 거꾸로 앉는 경우도 적지 않습니다. 아이에게는 이런 것도 난처한 문제이지요. 미리 사용법을 가르쳐두면 좋겠습니다.

또 사용한 휴지를 휴지통에 정확히 넣거나 사용한 후 물을 내리는 것도 잊지 않도록 다시 한 번 일러두는 것이 좋겠습니다.

여행지에서 체험하기

언제 어디서든 기본적으로 지켜야 할 예의는 있지만, 생활습관은 가정마다 조금씩 차이가 날 수 있습니다. 예컨대 같은 음식에 소스를 쳐서 먹는 집도 있고 소금을 뿌리는 집도 있지요. 또 장소에 따라 신발을 벗고 들어가는 곳도 있고 신은 채 들어가는 곳도 있습니다. 유치원이나 학교에서의 생활도 가정에서와는 다르지요.

특히 해외여행이나 풍습이 다른 지방으로의 여행은 아이에게 이 같은 차이를 체험하게 하는 아주 좋은 기회입니다. 이때 나오는 다른 생활습관에 배타적인 마음이 들거나 비난하지 않고 차이로 받아들이도록 가르쳐두어야 하겠죠. 그런 경험은 나중에 다른 생활습관의 좋은 점을 받아들이면서 스스로 생활습관을 바로잡는 힘이 되기도 합니다.

03

조부모에게
배웠으면 하는 상식

조부모라서 할 수 있는 일

정기적으로 열고 있는 육아 관련 강좌에서 수강자들과 실뜨기를 한 적이 있습니다. 그런데 실뜨기를 할 줄 모르는 어머니들이 꽤 있었습니다. 저는 실뜨기를 할 줄 모르는 어머니들이 생각보다 많아 놀랐고 어머니들은 제가 모르는 걸 하자고 제안해서 당황해 했지요. 연배가 조금 더 높은 어머니들이나 할머니 세대라면 못 하는 사람이 거의 없었을 것입니다.

전통에 뿌리내린 것들 중에 계속 전해졌으면 하는 것들이 많습니다.

그리고 그 대부분은 할머니 할아버지라면 가르쳐줄 수 있는 것들이지요. 또 군이 뭔가를 배우지 않아도 조부모와의 관계를 통해 아이가 얻는 것은 많습니다. 할머니 댁이 멀어 찾아가 뵐 기회가 적은 경우도 많겠지만, 한번이라도 더 기회를 만들어 아이가 그 혜택을 누릴 수 있도록 신경 써주세요.

물론 집안에 어른이 없는 경우도 있습니다. 그런 경우 조부모를 대신할 사람을 찾아보세요. 아는 할머니나 할아버지, 부모의 친구라도 좋습니다. 부모와 마찬가지로 아이에게 애정을 가진 사람의 존재는 생각 이상으로 좋은 영향을 미칩니다. 예를 들면 다음과 같은 것이죠.

부모가 놓치는 부분도 본다

요즘 부모들은 무척 바쁩니다. 그렇다고 자녀 양육이나 교육에 소홀할 수는 없지요. 하지만 현실적으로 시간이 부족해 늘 종종거리게 되죠. 이에 반해 시간적으로 다소 여유가 있는 조부모는 부모들이 미처 신경 쓰지 못한 세세한 부분에도 시선이나 마음이 닿아 있습니다. 그래서 아이의 작은 변화도 쉽게 알아차리지요.

아이의 도피처가 되어준다

할머니 할아버지는 부모에게 꾸중 들은 아이에게 더없는 위로가 됩니다. 가끔 너무 감싸는 경향이 있기는 하지만 궁지에 몰린 아이 입장에서는 꼭 필요한 도피처가 되는 것도 사실입니다. 그런 할머니 할아버지의 존재는 혼날 행동을 하고도 반성하지 않는 아이에게 도움을 주기도 합니다. 쉽게 반성의 기미를 보이지 못하는 아이가 할머니 할아버지의 한 마디 말에 잘못을 뉘우치는 경우도 많으니까요. 부모가 가르쳐 주고 싶었던 것이나 꾸중을 하는 의미가 할머니 할아버지라는 존재만으로 전달되기도 하니까요.

더 많은 관심을 받는다

다양한 놀이와 재미있는 옛이야기를 접하는 기회가 느는 동시에 어른들의 따뜻한 손길을 더 많이 받게 되지요. 바쁜 부모와의 사이에서 충분하지 않은 스킨십도 기대할 수 있습니다. 깊은 애정을 많이 받을수록 아이의 마음은 더욱 풍부해지지요.

또 일이나 가사로 바쁜 부모만 있는 경우보다는 늘 지켜봐 주는 할머니 할아버지도 있는 쪽이 아이에게는 훨씬 더 좋습니다. 아이가 어릴 때는 예기치 못한 상처나 사고를 줄일 수 있고, 조금 자란 뒤에는 아이의 작은 변화에도 관심을 기울이고 의논할 상대도 되어주지요. 이것은 청소년기의 비행을 미리 예방하는 방법도 됩니다.

조부모에게 배울 수 있는 것 |||||\||\||\|\

다정함, 위로를 알게 된다 ∴°

할머니 할아버지에게 받는 애정은 부모와도 다른 부분이 있습니다. 그 애틋하고 각별한 애정을 받은 아이가 다정한 아이로 자라는 것은 당연하지요. 또 고령자를 이해하고 위로하는 마음도 갖게 됩니다. 이처럼 상냥하고 다정한 마음은 장래에 원만한 인간관계를 만드는 데 중요한 역할을 하지요.

놀이의 종류가 늘어난다 ∴°

전통놀이를 배우기도 합니다. 전통놀이는 아이의 성장에 좋은 영향이 미치는 것들이 많습니다. 장기나 바둑, 실뜨기, 공기놀이, 그림 베끼기, 그리고 옛이야기까지 들려줍니다. 이처럼 시간에 쫓기는 부모들이 해주기 어려운 놀이를 아이와 함께 하는 것만으로도 사실 고마운 일이지요.

옛날 관습이나 행사를 배운다 ∴°

명절, 축제, 계절별 관습의 의미나 행사 방식을 알려줍니다. 이 또한 도시생활에 익숙한 부모들로서는 역부족인 부분이죠. 할머니 할아버지가 들려주는 예전 생활 역시 아이에게는 좋은 공부가 됩니다. 초등학교에 들어가면 교과서를 통해 배우는 전통놀이나 조상들의 생활에 대해 아이가 좀 더 구체적이고 실제적으로 접할 수 있는 기회가 되기도 하지요. 또 부모 세대에서는 지역사회와의 접점이 줄어들고 있지만 집안에 어르신들이 있음으로 해서 지역과의 접촉도 기대해볼 수 있습니다.

기본예절을 더 잘 익힌다

부모들이 미처 깨닫지 못하는, 혹은 알지 못하는 관습과 예의범절까지도 익힐 수 있습니다. 특히 집안에서의 예의범절, 식사예절, 인사예절 등은 조부모가 더 효과적으로 가르칠 수 있습니다. 부모와 조부모 사이의 관계나 예절을 보고 배우기도 하고, 조부모가 있다는 것만으로 아이들은 더 많은 것을 배우기 때문이지요.

부모와 조부모가 조율해야 할 일

지금까지 나열한 것처럼 조부모가 아이에게 해줄 수 있는 일이나 미치는 영향은 무척 많습니다. 하지만 부모 입장에서 어르신들이 신경 써주었으면 하는 점도 있지요. 아이에 대한 최종적인 책임이 있는 부모 입장에서는, 아이의 응석을 마냥 받아주거나 아이 요구를 무조건 들어주는 경향이 있는 어르신들에게 불만을 가질 수도 있습니다. 특히 '할아버지께 말하면 다 들어줄 거야'라든가 '할머니께 말해 달라고 해야지'라고 말하는 아이를 보면 걱정이 되기도 하지요.

또 함께 살고 있는 경우라면 부모의 생각이 반영되지 않는 경우도 생깁니다. 어르신들이 손자 교육에 열심이면 열심일수록 부모에 대한 소위 '참견'이 많아지기도 합니다. 그러면 부모가 신념을 갖고 교육하기 어려워지지요. 그래서 이 점에 대한 어른신들의 이해가 필요합니다.

이런 문제는 부모와 조부모 사이에서 미리 조율할 필요가 있습니다. 아이에게 교육적으로나 정서적으로 많은 도움을 주는 조부모와 부모 모두 일관성을 보여야 하기 때문입니다.

04
아이의 품위를 높이는 습관과 상식

사회인으로서 생활하는 데 갖추어야 할 것은 무척 많습니다. 자신의 일에 부족하지 않은 지식이나 능력도 필요하고 인간관계를 원만히 이끌어가는 성격이나 생활습관도 갖추어야 하죠. 또 나와 다른 사람들의 차이를 인정하고 받아들이는 포용력도 있어야 합니다.

이 모든 것의 바탕이 되는 것이 상식을 갖추는 일입니다. 상식이란 매우 애매하고 모호한 개념이기는 합니다. 시대나 나라에 따라 다를 수 있고 같은 나라라 하더라도 지역이나 세대에 따라 다르기도 합니다. 그럼에도 보통의 사람들에게 통용되는 상식은 분명 있습니다.

아이가 상식을 갖추는 데에는 부모의 정성과 노력이 필요합니다. 다음에 예로 든 것들은, 일상생활 속에서 어른에게도 똑같이 필요한 상식을 아이에게 알기 쉽게 가르치는 방법에 대한 것입니다.

물론 이것은 강요로 되는 것이 아닙니다. 교육을 위한 부모의 억지 행동으로 보여줄 수 있는 것도 아니지요. 즐거운 마음으로 아이 스스로 할 수 있도록 시간을 갖고 배우게 해야 합니다.

일상에서 어른에게도 똑같이 필요한 상식을 아이가 알기 쉽게 가르쳐야 합니다. 아이가 상식을 갖추는 데에는 부모의 정성과 노력이 필요하지요.

솔직하고 정직한 마음 |||(|\|)(|\|\

솔직하고 정직해야 한다는 것은 누구나 알고 있습니다. 하지만 상황에 따라서는 솔직해지기 어려운 경우도 있지요. 대표적인 경우가 잘못을 솔직히 인정하기보다는 변명을 늘어놓는 것입니다.

예컨대 평소 부모가 자신의 실수를 인정하지 않고 '엄마/아빠는 바쁘니까 어쩔 수 없잖니'라는 식의 변명을 하면, 아이는 당연히 그래도 된다고 생각합니다. 그래서 실수를 하거나 해서는 안 될 일을 했을 때, 또 다른 사람에게 폐를 끼쳤을 때 솔직하게 사과하지 못하고 변명만 늘어놓게 됩니다.

거짓말도 마찬가집니다. 누구라도 거짓말하는 사람을 싫어하지만, 어른들도 일상생활 속에서 사소한 거짓말을 하는 경우가 꽤 있습니다. 그런데 아이들은 그 사소한 정도를 알지 못합니다. 거짓말이 잘못이라는 것을 안다고 해도 그 크기나 차이 같은 것은 모르지요. 따라서 부모의 아주 사소한 거짓말도 아이에게는 큰 영향을 미칩니다. 형편이 나쁠 때는 진실과 다른 말을 해도 괜찮다는 것만을 배워버리기 때문이지요.

특히 아이 앞에서는 말에 신경을 써주세요. '거짓도 방편'이라는 식의 생각은 아이에게는 통하지 않습니다.

또 남에 대한 이야기를 할 때에도 주의를 해야 합니다. 부모가 악의를 갖고 남을 비난하면 아이도 험담을 하게 됩니다. 물론 다른 사람에게서 좋지 않은 부분을 발견할 수도 있고 아이와 이야기하는 동안 그것이 화제가 될 수도 있습니다. 그럴 때에는 그것으로 그 사람을 평가하거나 비난하지 않으면서 그 사실만을 지적해야 하지요.

아이를 대할 때도 마찬가집니다. 아이가 문제가 되는 행동을 할 때에는 그 행동만 지적해서 고치도록 해야 합니다. 그 행동으로 못된 아이라거나 나쁜 아이라는 식으로 비난하면, 아이는 그 행동을 고치기 전에 상처를 입고 맙니다.

생각한 다음 행동하기 \|\|\|\|\|\|\|\|\|\|\|\|\|

바로 행동에 옮기는 것이 중요할 때도 있습니다. 생활습관을 배우고 익히는 아이들에게는 특히 그런 일이 많지요. 양치를 하거나 손을 씻는 것처럼 그때그때 해야 하는 일은 바로바로 행동에 옮겨 해버려야 하지요. 하지만 남에게 들은 말이나 눈앞에 일어난 사건에 대해서는 일단 한번 더 생각한 다음 행동에 옮기도록 가르쳐주세요.

그 첫 단계로 아이가 뭔가를 보고 불쑥 튀어 나가려고 할 때, 우선 멈추게 한 다음 무엇을 하러 가는지 무슨 생각을 했는지 물어봅니다. 그러면 아이는 잠시의 시간을 두고 행동에 옮기는 습관을 갖게 되지요.

남을 배려하는 말과 행동 \|\|\|\|\|\|\|\|\|\|\|\|\|

부모에게는 항상 '내 아이'가 우선입니다. 당연한 일이지요. 하지만 그것은 생각하는 마음이 우선이라는 뜻이지 매사에 우선적으로 '대접'해야 한다는 걸 의미하지는 않습니다. 오히려 아이에게 다른 사람을 우선으로 생각하도록 가르치는 것이 '내 아이'가 다른 사람에게 우선으로 대접받게 만드는 일입니다.

평소 음식을 먹을 때 '먼저 할머니께 드리자'라거나, 집으로 친구가 놀러왔을 때 '친구에게 먼저 고르라고 하자'라고 말하면, 남을 배려하고 생각하는 마음이 생겨나겠지요. 또 급하게 처리해야 할 일이 있을 때 '잠깐 기다리자. 이것만 끝나면 돼'라고 말하면 다른 사람의 사정이나 상황을 고려할 수 있게 되지요.

남을 배려하는 말과 행동은 부모의 이처럼 사소한 말이나 행동으로도 자연스럽게 익힐 수 있습니다. 그러면 잘난 체하지 않고 겸손하면서도 다른 사람에게 대접받는 아이로 자라게 되지요.

극복과 의욕

어려움을 뛰어넘고 이겨내 목표를 이루려는 의욕은 아이가 갖기 힘든 것일까요? 아직 어리니까 그럴 거라고 생각하겠지만, 다 그런 것은 아닙니다. 정도의 차이는 있지만 늘 의욕 넘치는 아이들이 있는가 하면 매사에 의욕을 보이지 않는 아이들도 있지요.

그런데 눈여겨보아야 할 점은 매사에 의욕이 없는 아이들에게 나타나는 공통점입니다. 그 아이들은 대부분 부족함 없이 자랐다는 것입니다. 물론 여기에서 부족함이란 물질적인 부족이나 애정의 부족을 의미하지 않습니다. 해야 할 일이 있거나 갖고 싶은 것이 생길 때마다 부모가 바로 해결해주어 아이가 뭔가를 할 필요가 없었다는 뜻이지요.

목표를 향해 나아가는 의욕이 없는 아이들, 심지어 목표를 잡을 필요성도 모르는 아이들이 정말 행복할까요? 오히려 행복을 맛볼 기회를 잃게 되는 것은 아닐까요? 해내고 싶은 일이나 갖고 싶은 것이 생겨 열심히 노력하는 것은 인내가 필요한 일입니다. 하지만 열심히 노력하고 참아낸 결과 원하던 바를 이루었을 때의 성취감은 그 이상을 보상하지요. 이처럼 기분 좋은 성취감은 또 다른 일에도 의욕을 갖고 임하게 합니다.

이번 장에서는 아직 어릴 때 부모들이 가르쳐두었으면 하는 것들을 알아보았습니다. 평소 늘 염두에 두고 있는 것도 있을 테고, 아주 사소해서 놓치고 있는 부분이나 미처 생각지 못한 부분도 있을 것입니다. 또 대부분은 지극히 당연한 것들입니다. 그런데 실제로 실천하고 있는지를 생각해본다면 어떤가요?

이 책을 통해 제가 일관되게 말하고 싶은 것은, 습관은 거듭 쌓여서 몸에 익어야 한다는 것입니다. 바로 이 때문에 이 장에서 설명한 것들은 모두 가정이 아니면 할 수 없고, 반면 가정교육이 제대로 이루어지고 있다면 저절로 할 수 있는 것들뿐입니다. 한마디로 요약하면 잘만 익히면 '자율적인 아이'가 된다는 것이죠.

> 습관은 거듭 쌓여서 몸에 익어야 합니다. 잘만 익히면 저절로 하게 되고 그러면 '자율적인 아이'가 되지요.

자립(남의 도움을 받지 않고 스스로 뭔가를 해내는 것)도 물론 중요하지만, 기품 있는 아이로 기르기 위해서는 자율(스스로 자신의 행위를 조절하는 것)이 무엇보다 중요합니다.

4장

기품을 기르는 놀이

01

아이의 능력을 높이는 놀이

놀이만이 할 수 있는 일

흔히 아이는 '놀이의 천재'라고 말합니다. 어디에서든, 아무것도 없는 곳이라 해도 아이들은 기발한 놀이들을 생각해냅니다. 돌멩이나 풀뿐인 들판에서도 아이들은 여러 가지 놀이를 하며 놀지요.

그런데 요즘은 그러지 못하는 아이들이 늘고 있습니다. 넓디넓은 들판에 데려가도 무엇을 하고 놀아야 할지 몰라 손을 놓아버리는 아이들이 적지 않지요.

무엇이 달라진 것일까요? 분명한 것은 아이가 바뀐 것은 아니라는 점입니다. 아이를 둘러싼 환경이 바뀐 것이지요. 이미 언급한 것처럼 핵가족화나 저출산화 등의 사회적 변화, 놀이공간의 감소, 아이의 과밀한 스케줄 등 아이를 둘러싼 생활환경의 변화가 아이가 놀이의 천재로 자라는 것을 방해하는 것입니다.

또 부모들이 놀이가 아이의 성장에 미치는 영향을 얕보기 때문이기도 합니다. 아이는 놀이에서 많은 것을 배웁니다. 그런데 특히 '배우는 것'에 과민해진 요즘 부모들이 놀이와 배움이 아주 밀접한 관계에 있다는 것을 이해하지 못하는 것이죠.

그럼 놀이는 배움에 어떤 영향을 미칠까요? 우선 놀이는 아이가 살아가는 데 필요한 능력을 받아들이기 쉬운 형태로 받아들이게 합니다. 무엇이든 놀이를 통해 익히면 아이에게 배움은 늘 재미있는 일이 되겠지요.

하지만 무엇보다 중요한 점은, 놀이는 종합적인 이해와 입체적인 배움을 가능하게 한다는 것입니다. 어떤 놀이든 아이가 그것을 통해 배울 수 있는 것들을 요목조목 따져 적어보면 그 목록이 적어도 한 페이지는 넘을 것입니다. 그리고 그런 걸 한번에 다 가르치는 방법은 놀이 이외에는 없지요.

> 놀이만큼 종합적인 이해와 입체적인 배움이 가능한 것은 찾기 힘듭니다.

놀이와 아이의 능력 ||||||\||||||||

놀이가 등한시되는 배경에는 부모들에게 '공부가 무엇보다 중요하다'는 잘못된 의식이 만연해 있기 때문입니다. 하지만 조금만 생각해보면, 공부보다 놀이 쪽이 더 많은 능력을 필요로 한다는 것을 알 수 있습니다. 요즘 부모들이 공부라고 생각하는 '공부'는 오로지 받아들이고 습득해 나가면 특별한 경우가 아닌 한 익혀지는 것입니다. 그런데 놀이는 다릅니다. 놀이에 필요한 것은 운동 능력, 의사소통 능력, 체력, 이해력, 응용력, 지식, 사고능력 등 폭넓고 종합적인 능력이 필요하지요.

아이가 사회인이 되었을 때를 생각해보세요. 공부를 잘한다고 해서 사회인으로서 반드시 잘해 나가게 되는 것은 아닙니다. 다양한 능력을 발휘해야 하는 거죠. 그리고 놀이는 아이에게 다양한 능력을 발휘하는 기회입니다. 놀이하는 동안 아이는 주변 상황과 여건, 다른 사람 등을 고려하는 법을 저절로 배웁니다. 그러지 않으면 즐겁게 놀 수가 없기 때문이죠. 이이에게 이런 중요한 것들을 배우게 하는 놀이의 중요성, 누구도 부정하지 못합니다.

새로운 것을 받아들이는 능력은 어릴수록 뛰어납니다. 그 중요한 시기를 놓쳐서는 안 됩니다. 어릴 때부터 좋은 놀이를 하게 하고, 그 후에도 연령이나 성장에 맞춰 놀게 한다면 아이는 건전한 성장을 유지해 나갑니다.

부모와 함께하는 놀이의 중요성 \||||\\|\\||\|\\

아이가 어릴수록 부모와 함께 보내는 시간은 많습니다. 아직 어린 아이라면 외출하거나 친구와 노는 일도 없을 테니 당연히 그렇지요. 물론 커가면서 친구와 노는 시간이 늘고 부모와 함께하는 시간은 점점 줄지요.

하지만 그렇다고 해도 부모와 아이의 놀이는 중요합니다. 부모와 아이가 함께 보내는 시간을 갖는다는 의미에서도 그렇고, 아이들끼리의 놀이에서는 얻을 수 없는 자극이나 배움을 받게 된다는 점에서도 그렇습니다.

아이가 커가면서 아이와 함께 놀 필요가 없다고 생각하는 부모도 많습니다. 게다가 뭘 해야 할지 모르겠다고 말하는 부모도 많습니다. 물론 유아 때 하던 놀이를 초등학생이 되어서까지 하라는 것은 아닙니다. 연령에 따라 아이와 할 수 있는 다양한 놀이를 찾아 놀아주면 되는 것입니다. 이것은 중고등학생이 되어도 마찬가집니다. 함께 운동하고 산책하고, 함께 음악 듣고 영화 볼 수 있지요.

부모기 함께 놀아주는 것은 배움의 전승이라는 큰 의의도 있습니다. 부모한테서 직접 배운 것, 함께 놀면서 배운 기억은, 부모와 자녀의 관계를 끈끈하게 이어줍니다. 그리고 놀이가 끝났을 때 함께 정돈함으로써 정리방법이나 정돈하는 습관도 익힐 수 있습니다.

02

놀이와 도구

도구를 사용하지 않는 놀이

처음에는 도구를 사용하지 않고 놀아보세요. 하지만 이 말은 들으면 많은 부모들이 난처해 합니다. 뭘 하라는 건지 알지 못하겠다는 표정을 지으면서 말이죠. 하지만 생각해보면 할 수 있는 일이 무척 많습니다. 함께 노래하거나 끝말잇기 같은 말놀이나 다양한 손놀이도 할 수 있지요.

특히 노래를 부르며 하는 손놀이는 어린 아이에게 아주 좋은 놀이입니다. 어릴 때 기억을 떠올려보세요. '쎄쎄쎄'를 하면 즐거워했던 기억이 나지 않나요? 만약 아이와 해본 적이 있다면 실제로 아이가 얼마나 즐거워하는지 알 것입니다.

물론 이것을 배우는 일도 아이에게는 쉬운 일이 아닙니다. 노래를 부르는 동시에 박자에 맞추어 손을 움직여야 하는 것은 물론이고 상대와도 호흡을 맞추어야 하지요. 아이가 놀이를 통해 배우는 것은 이처럼 종합적입니다.

서로 따라 말하기, 빨리 말하기, 끝말잇기, 단어 한두 개로 문장 만들기, 수수께끼 풀기 등 아이와 함께할 수 있는 말놀이도 많습니다. 그저 재미삼아 다양한 소리를 내어보는 것도 좋습니다. 그러면 우선 혀의 놀림이 좋아집니다. 또 그 의미를 생각하고, 이미지를 떠올리고, 마침내 체득하는 기쁨도 얻을 수 있지요. 부모와 아이 가운데 어느 쪽이 빨리 말하는지, 어느 쪽이 더 잘 기억하는지를 경쟁하는 놀이도 가능합니다.

보물과 같은 놀이도구 \|\|\|\|\|\\\|\\\|\|\\\|

아이들과의 놀이에 사용하는 도구에는 어떤 것들이 있을까요? 소꿉놀이, 자동차, 블록, 게임기 등 다양한 장난감들이 먼저 떠오를 것입니다. 하지만 아이의 성장을 위해 반드시 이런 장난감들이 필요한 것은 아닙니다. 오히려 이미 완벽하게 만들어진 장난감은 아이의 상상력과 창의력에 방해가 될 수 있지요.

반면 실뜨기나 오자미, 공기놀이처럼 아이와 함께 만들거나 찾아 쓰는 도구는 아이의 상상력에 날개를 달아줍니다. 실뜨기의 경우, 아이와 함께 털실을 사러가서 함께 고르는 것도 좋습니다. 어떤 털실로 할지 의논하는 것도 즐겁겠지요. 무슨 일이든 마찬가지이지만, 그저 실뜨기만 하는 게 아니라 준비하고 좀 더 나은 도구나 방법을 찾아가는 일은 흥미를 느끼게 할 뿐 아니라 스스로 생각하는 아이로 만듭니다.

또 부모와 함께 만든 오자미는 문구점에서 사온 조잡한 기성제품보다 몇 배는 소중하지요. 부모와 함께 적당한 공깃돌을 찾아다니는 일, 종이컵 전화나 종이비행기를 만든 기억은 아이에게 더할 나위없는 추억이 됩니다.

사소한 것이라도 상관없습니다. 아이와 함께 놀이도구를 만들어보세요. 따뜻한 추억을 남기는 것은 물론이고, 스스로 놀이와 도구를 개발하기는 창의력 있는 아이가 될 것입니다.

즐거움을 더하는 득점표 |||||\|||||\|

카드게임처럼 점수로 승부가 나는 놀이뿐만 아니라 모든 놀이를 할 때마다 점수가 누적되도록 이끌면 즐거움이 배가됩니다. 특히 아이는 기록을 하고 결과를 아는 것만으로도 꽤 기뻐하지요. 부모가 먼저 득점하면 아이는 더 분발하려 노력하게 됩니다. 부모의 점수는 빼고 아이의 점수만 기록해도 즐거워하지요. 아이는 득점 자체에 흥미를 가지기 때문입니다.

아이의 이런 특성을 잘 활용하기 위해 득점표를 만들어보기를 권합니다. 가장 좋은 방식은 볼링의 득점형식입니다. 세로축에는 이름을 넣고 가로축에는 날짜나 횟수를 넣습니다. 누가 언제 몇 점을 냈는지 그때마다 써넣을 수 있도록 하는 것이지요. 이때 점수를 써넣는 칸에는 사선을 그어 그때그때의 점수는 사선 위에, 그때까지의 합계는 아래에 써넣습니다. 그렇게 하면 득점상황이 한눈에 들어오지요.

토너먼트 형식으로 게임을 진행하는 것도 좋은 방법입니다. 토너먼트의 재미가 계속 이기는 데서 비롯되는 것은 사실이지만, 그런 방식을 통해 아이가 배울 수 있는 것은 많습니다. 우선 토너먼트를 만드는 방법을 배우지요. 나아가 생각할 수 있는 여러 경우를 염두에 두고 대진표를 짜게 됩니다. 그리고 그러는 동안 자연스럽게 경우의 수를 배우게 되지요.

가령 ABCD 4명이 토너먼트를 할 경우, 보통은 두 사람이 한 조가 되어 게임을 하고 승자끼리 다시 게임을 하게 됩니다. 하지만 시드 (seed)를 적용할 수도 있습니다. 예컨대, 가위바위보로 우선권을 만드는 겁니다. 만약 D가 우선권을 얻었다면 A와 B가 게임을 하고 그 승자와 C가 대전한 다음, 최종 승자가 우선권을 얻은 D와 대전하도록 대진표를 짜는 것이지요. 또 몇 차례 게임을 한 이후에는 잘하는 사람끼리 예선에서 만나지 않도록 대진표를 짭니다.

득점표나 다양한 게임방법은 아이가 생활습관을 익히는 데에도 활용할 수 있습니다. 유치원이나 학교에서 자주 사용하는 '칭찬 스티커'는 바로 이런 예이지요.

아이를 수동적으로 만드는 게임

현대사회에서 아이의 교육에 가장 문제가 되는 것은 게임기입니다. 아이가 어릴수록 휴대용 게임기는 더욱 문제가 되는데, 컴퓨터의 경우는 사용시간을 제한할 수 있지만 휴대용 게임기는 하루 종일 게임에 몰두하게 만들 수 있기 때문이지요. 이런 날이 반복되면 아이가 게임에 끌려 다니게 됩니다. 아이는 게임을 하며 놀 생각이었지만, 어느새 게임기가 아이를 구속하는 상황이 되지요.

전철이나 버스는 물론이고 길거리에서도 주위를 둘러보면 게임기에 달라붙다시피 해서 게임에 열중하고 있는 아이들을 쉽게 볼 수 있습니다. 이처럼 게임을 많이 하면 눈이 나빠지거나 자세가 안 좋아지는 등의 폐해가 따르는 것은 두말할 것도 없습니다.

그뿐만이 아니죠. 이런 게임은 하는 방법만 외우면 그 다음부터는 기계적으로 대응하는 것만으로 놀게 됩니다. 그렇게 놀도록 프로그램되어 있으니까 그 속에 창조성이나 자율성이 있을 리 없습니다. 수동적이고 단편적인 대응만이 있을 뿐이지요. 게다가 대개는 손가락 끝, 그것도 엄지손가락 두 개 외에는 움직이지 않습니다.

그렇다고 아이에게 게임을 완전히 차단하기란 어렵습니다. 어느 집이나 컴퓨터가 있고 너무나 다양한 종류의 게임기가 판매되고 있는 상황에서 컴퓨터나 게임기가 있는 친구들과도 어울리지 않게 하지 않는 한 완전히 차단하는 것은 불가능하지요. 하지만 너무 어릴 때부터 게임기나 인터넷 게임을 접하게 하는 것은 생각해볼 일입니다. 적어도 자연에, 부모와 함께하는 놀이에, 세상에 관심과 흥미를 갖게 한 이후에 게임을 하게 했으면 합니다.

비슷한 이유로 관심을 가져야 하는 것은 텔레비전입니다. 뭉뚱그려 '텔레비전은 나쁘다'라고 할 수는 없겠지요. 연령에 맞는 아이 대상 프로그램은 즐거운 노래나 생활습관, 간단한 예절 등을 가르치기도 합니다. 또 부모가 평소 사용하는 표현보다 더 다양한 말을 배우게도 하고 자연스럽게 사회에 눈을 돌리게도 합니다. 더러는 두뇌를 사용하거나 몸을 움직이게 유도하기도 하지요.

하지만 별 문제 없어 보인다고 방치해서는 안 됩니다. 아이가 텔레비전에 지나치게 몰두하지 않도록 주의를 기울여야 하지요. 혼자 텔레비전 보면서 조용히 시간을 보내는 아이가 기특하고 당장 부모가 편하다고 그대로 방치해두면 인터넷 게임에서 보이는 중독이 여기에서도 일어날 수 있습니다. 아이가 어릴수록 더욱 위험합니다.

텔레비전은 아이 혼자 놀게 해주는 장난감이 되어서는 안 됩니다. 때로는 부모도 함께 보고 프로그램의 내용에 대해 이야기를 나누거나 거기에 나온 노래를 함께 불러보기도 하면 좋겠지요. 그렇게 활용할 수 있다면 아이 대상의 프로그램은 아이에게 효과적인 놀이의 하나가 됩니다.

또 일반인을 대상으로 만들어진 프로그램 중에서도 자연이나 동물에 관한 것, 기행물이나 세계유산 등을 소개하는 것들은 아이의 관심을 넓히는 데 도움이 됩니다.

단, 어려운 단어가 나오기도 하므로 가능하면 함께 봐주세요. 아이가 방금 지나간 것이 무엇이냐고 질문하면 바로 대답해주거나, 만일 모르는 것이라면 프로그램이 끝난 후에 함께 조사합니다. 조사하는 습관도 익히고 모르는 것을 알아가는 기쁨도 알고, 이미 끝난 프로그램의 내용을 떠올려볼 수도 있어 '일석삼조'지요.

03

즐겁고 안전한 놀이를 위하여

친구와 어울리게 하는 요령 \|\|\|\|\|\\|\|\|\|\|\|\

어느 어머니의 체험담입니다. 아이의 생일에 아이 친구 5명을 초대했는데, 모두 한 자리에 모여 함께한 시간은 식사 때뿐이었다고 합니다. 세 아이는 각각 게임을 하고 책을 읽고 개와 놀았다고 합니다. 그리고 남은 두 아이, 생일의 주인공과 나머지 한 아이는 얼굴만 멀뚱멀뚱 보고 앉아 있었다는군요.

생일잔치를 준비한 그 어머니로서는 무척 당황스러운 일이었을 것입니다. 하지만 늘 혼자 노는 데 익숙한 아이들에게도 그 상황은 꽤나 어색했을 거예요. 그러니 자기 집에 없는 것, 흥미를 끄는 것에 이끌려 각각 놀았던 거지요.

이럴 때에는 부모의 리드가 필요합니다. 함께 나눠먹을 음식만 준비하는 것이 아니라 함께할 놀이도 미리 준비해두면 더없이 좋겠지만, 그러지 못했을 경우라도 아이들에게만 그 어색한 상황을 맡기기보다는 모두 모여 축하하고 함께 놀 수 있도록 해주는 것이 좋겠지요.

우선 중요한 것은 아이들이 모두 모여 함께 놀 수 있도록 이끄는 것입니다. 혼자서 노는 데 익숙한 아이들에게는 무엇을 할지 의논하거나 규칙을 설명해주는 부모의 지도가 필요합니다. 놀이가 정해지면 아이들 모두가 그 놀이에 익숙해질 때까지 함께 놀아주세요. 초등학교 고학년 이상의 아이가 아니라면 어른과 함께 어울려 노는 것을 의외로 상당히 즐거워합니다.

또 어떤 게임이나 놀이를 할 때 염두에 두어야 할 점은 각 가정마다 혹은 함께 놀이하는 사람에 따라 미묘하게 규칙이 다를 수 있다는 것입니다. 그래서 특정 아이가 소외감이 들지 않도록 부모가 그 가정의 규칙을 설명하거나 그 날의 규칙을 만들어주어야 하죠.

시간이 시나 아이들이 놀이에 충분히 익숙해진 다음에는 어른이 빠져도 아이들은 계속 놀 수 있습니다. '나중에 누가 이겼는지 가르쳐줄래?'라고 말하고 빠지면 자연스럽겠지요.

다른 아이에게도 말을 걸어준다 \||||\|\|\|\|\|

공원이나 놀이터에 가면, 아이는 같은 또래의 친구들은 물론이고 나이가 더 많은 아이들과도 만나게 되지요. 특히 나이 많은 아이가 노는 모습은 아이에게 동경의 대상이 됩니다. '나도 똑같이 해보고 싶다'는 마음이 자연스럽게 생겨나지요.

그럴 때 부모가 '저 형/언니는 잘하네'라고 말을 걸어줍니다. 자신이 동경하며 바라보던 대상이 잘한다는 말을 들으면 아이는 자신도 잘하고 싶은 마음을 품습니다. 이때 '너도 해볼래?'라고 말하면 더 수준 높은 놀이나 조금 어려워했던 놀이도구에도 도전하게 되지요.

또 그 아이가 안전하게 아이의 상대를 해줄 것 같다는 판단이 들면 말을 걸어보게 합니다. 대부분의 아이들은 먼저 말을 걸지는 못하지만 말을 걸어오는 어린 동생에게 친절하게 대꾸하기는 하지요. 게다가 받아들이는 마음이 있는 아이라면 사용법이나 보다 재미난 놀이방법 등까지 친절하게 가르쳐줍니다. 물론 이때 내 아이를 상대해주는 그 아이에게 고마운 마음을 전하고 칭찬해주는 것을 잊지 말아야 합니다. 그 아이 역시 친절함을 배우고 칭찬받아야 할 아이니까요.

형제가 적은 요즘, 아이들끼리 만나 사귈 수 있도록 해주는 것이 공원이나 놀이터 나들이의 묘미입니다. 사회성을 기르는 데에도 많은 도움이 되지요.

안전에 신경을 쓴다 \|\|\|\|\|\|\|\|\|\|\|\|

공원이나 놀이터에서 특히 주의해야 할 점은 안전입니다. 관리하는 사람이 있겠지만, 그래도 부서진 놀이기구가 방치되고 있지는 않은지 살펴봐야 하지요. 게다가 놀이기구에 문제가 없어도, 시소에서 균형을 못 잡아서 엉덩방아를 찧는다거나 철봉에서 손이 미끄러져 떨어지는 일, 정글짐에서 머리를 부딪치거나 그네 근처를 지나가다 부딪치는 등의 사고는 늘 일어날 수 있습니다.

　'아이는 눈 깜짝할 새 다친다'는 말은 정말 맞는 말입니다. 따라서 아이에게 적절한 놀이방법과 주위를 살피며 놀아야 한다는 사실을 가르쳐주어야 합니다. 규칙도 지켜야 합니다. 공원은 공공장소이므로 아이에게 그런 의식을 심어주는 것 역시 중요하지요. 이 역시 아이가 알아야 할 상식을 가르치고 사회성을 기르는 방법이 됩니다.

조부모에게 배우는 놀이 \|\|\|\|\|\|\|\|\|\|\|\|

아이들은 '할머니 때는 말이다'라고 시작하는 이야기를 의외로 흥미로워합니다. 옛날이야기를 듣는 것 자체만으로도 신나하지요. 옛날 놀이를 배우면 더 좋아합니다. 동화나 민화, 옛날 동요 등 지금은 들을 수 없게 된 것들을 배우면서 부모와는 다른 즐거움을 느끼지요.

조부모의 체력이나 아이의 돌발행동 등을 생각한다면 아무래도 집 안에서 노는 것이 더 바람직하겠지만, 집밖으로 나갈 때는 아이에게도 조부모의 안전이나 체력 등에 관해 말해주세요. 아이의 마음속에 윗사람을 배려하는 마음이 자라는 좋은 기회도 됩니다.

집 근처에 녹지가 있는 경우에는 들풀이나 들꽃을 이용한 놀이를 배우면 좋겠습니다. 강아지풀을 손바닥에 놓고 주먹을 살짝 쥔 다음, 손을 조금만 폈다가 다시 오므리기를 반복하면 마치 살아 움직이는 벌레처럼 강아지풀이 조금씩 밖으로 나옵니다. 또 토끼풀로 꽃반지나 팔찌를 만들기도 하고 화관을 만들 수도 있지요. 이뿐만이 아닙니다. 부모도 잘 모르는 들풀 이름을 배우는 아주 좋은 기회가 되기도 합니다.

이처럼 조부모와 함께 노는 시간을 갖는 것은, 부모들에게는 아이를 돌보는 데 도움을 받는 일이고 조부모와 아이에게는 소중한 경험을 갖는 것이 되므로 이상적이라고 하겠습니다.

단, 조부모가 아이를 키울 때와 지금은 생활환경이나 상황이 많이 달라졌다는 것을 이해하시도록 미리 부탁해두세요. 특히 방범상의 안전면에서 크게 변했다는 것을 이야기해두는 것이 좋습니다.

04

아이에게 꼭
알려주었으면 하는 놀이

실내에서 부모와 함께하는 놀이

부모가 아이와 함께하면 좋은 놀이는 대부분 실내에서 하는 것들입니다. 부모와 아이가 몸을 접촉하거나 몸으로 익히는 것들이지요. 특히 손놀이나 노래는 율동과 노래를 함께하면서 신체 부위나 위치를 알려주는 다양한 어휘를 배우는 기회도 됩니다. 일부러 가르치기보다 놀면서 배우는 쪽이 더 외우기도 쉽고 몸에도 잘 배겠지요. 게다가 이런 놀이는 2세 정도부터 시작해 초등학교 저학년까지 할 수 있습니다.

트럼프나 장기 같은 보드게임은 어른이 되어야 할 수 있는 놀이이라고 생각하기 쉽지만, 어린 아이에게 맞도록 활용할 수도 있습니다. 장기 말로 알까기를 할 수도 있고, 크기가 다른 말을 이용해 무너지지 않는 피라미드를 쌓는 놀이도 할 수 있습니다. 이처럼 단순하고 간단한 놀이는 실제로 몇 번 해보면 더 다양한 놀이로 확대됩니다. 아이나 부모 할 것 없이 더 창의적인 생각을 해내게 되니까요.

대부분의 경우 아이와 적극적으로 놀기 위해 여러 모로 궁리를 하다 보면 자연스럽게 다양한 놀이방법이 떠오르게 됩니다. 하지만 첫아이를 키우는 부모들이나 지금까지 어떻게 해야 할지 몰라 놀아주지 못한 부모에게 도움이 될 만한 놀이를 지금부터 소개하려 합니다. 아래에 나열한 것들은 대부분 전통적으로 부모와 아이들이 자주 하는 놀이입니다. 이들 역시 다양하게 응용할 수 있지요.

비행기 놀이

아이를 높이 들어올리면 아이는 일상과 다른 움직임에 까르륵 까르륵 소리를 내며 좋아합니다. 3세 정도까지는 이 단순한 놀이도 의외로 재미있어 하지요. 이때 '무엇을 봤니?' 혹은 '어디까지 봤니?' 등의 질문을 하고 아이가 대답하게 하면 늘 다른 놀이를 하는 것처럼 더 즐거워하죠.

부모가 방바닥에 누운 채 발바닥으로 아이를 들어올리는 비행기 놀이도 할 수 있습니다. 실제로 비행기를 탈 때처럼, '탑승하세요', '이륙

합니다' 등의 말을 해주고 '부웅~' 소리까지 내어주면 더욱 재미있어
하지요. 또 아이를 발등에 앉히고 좌우로 돌려주면서 놀이기구를 타
는 것과 같은 놀이도 할 수 있습니다.

이 놀이는 부모나 아이 모두 체력과 균형감각을 기르게 합니다. 단,
너무 어린 아이들은 주의해야 합니다. 아직 어린 아이를 심하게 흔들
거나 너무 높이 올렸다 내렸다 하는 것은 위험하답니다.

앞뒤 구르기

어린 아이라도 몸을 많이 움직일 수 있도록 하는 놀이로는 '지렁이
꿈틀꿈틀'이 있습니다. 이것은 실제로 지렁이처럼 몸을 꿈틀거리거나
앞뒤로 뒤집는 것으로, 뒤집기만 할 수 있으면 누구나 할 수 있는 놀
이지요. 놀이하는 모습을 상상하면 우습게 느껴질 수도 있지만, 이
놀이는 근육을 상당히 많이 사용하게 하므로 아이에게는 좋은 운동
이 됩니다.

학교에서 하는 매트운동과 같은 '앞뒤 구르기'도 좋은 놀이입니다. 아
이가 구르다가 부딪칠 수 있는 물건들을 모두 치운 다음, 매트가 없으면
두꺼운 요를 깔고 구르기를 하도록 해주세요. 자기 몸의 컨트롤하는 능
력과 균형감각 등을 익힐 수 있어 아이에게 좋은 운동이 됩니다.

실내라고 해서 몸을 움직이는 놀이를 할 수 없는 것은 아닙니다. 안
전에 유의하고 재미를 더하기 위해 조금만 신경 쓰면, 아주 재미있게

몸의 유연성이나 운동능력을 키울 수 있지요. 게다가 부모와 함께 몸을 부딪치며 놀다 보면 스킨십에서도 부족함이 없는 아이로 자랄 수 있습니다.

손놀이

손놀이를 할 때에는 손동작뿐만 아니라 '쎄쎄쎄', '푸른하늘 은하수'로 시작하는 '반달' 등 다양한 노래도 함께 불러야 합니다. 처음에는 다양한 손동작과 노래를 익히는 것이 목표가 되지만, 나중에는 속도를 빨리 한다든가 중간 중간에 다른 동작을 하나씩 더 넣어 재미를 더할 수 있습니다.

또 어머니나 할머니한테서 배워서 잘하게 된 아이가 손놀이에 비교적 서툰 아버지나 할아버지 혹은 동생을 가르치게 하는 것도 좋은 방법입니다.

손가락 놀이

손가락의 움직임을 이용한 놀이도 많습니다. 우선 검지로 코를 가리키다가 상대의 말에 따라 눈이나 입 등의 얼굴 부위를 가리키는 놀이를 할 수 있습니다. 일명 '코코코 놀이'이지요. 특히 신체 부위의 이름을 익히는 단계의 아이에게 적당한 이 놀이를 할 때, 처음에는 '코코코 귀!'라고 하면 부모와 아이가 동시에 귀를 가리키도록 합니다. 하지만 나중에는 '코코코 귀!'라고 말했을 때 아이는 귀가 아닌 다른 부위를 가리켜야 한다는 식으로 규칙을 바꾸어 나가면 단순한 놀이라도 점차 복잡한 재미를 더할 수 있지요.

또 아이가 조금 더 자라면 엄지를 제외한 나머지 손가락으로 손을 마주잡고 '엄지 잡기'를 하거나, 상대가 말하는 숫자를 피해 손가락을 세우는 놀이도 할 수 있습니다. 순발력과 숫자에 대한 감각을 키우는 동시에 소근육을 발달시키지요.

가위바위보

가위바위보는 가능한 빨리 알려주었으면 좋겠습니다. 게임을 할 때는 물론이고 순서를 정할 때에도 자주 사용하는 편리한 방법이기도 하지만 그 자체로도 훌륭한 놀이가 됩니다. 또 가위바위보에 익숙해지면 '묵찌빠' 놀이를 할 수도 있고, 발이나 온몸을 이용해 가위바위보를 할 수도 있습니다.

의외라고 생각하겠지만 타이밍에 맞게 가위바위보를 내지 못하는 아이들도 있습니다. 가위바위보는 짧은 어구이지만 리듬감을 익히는 데에도 도움이 됩니다.

또 가위바위보를 응용해 반사신경을 키우는 놀이도 다양하게 할 수 있습니다. 예를 들면, 한 손으로 악수를 하고 나머지 손으로 가위바위보를 하는데, 이때 이긴 사람은 진 사람의 악수한 손등을 때리고 진 사람은 맞지 않도록 자신의 손등을 막는 것이죠. 누구라도 한번쯤은 해본 놀이일 것입니다.

참참참

가위바위보를 할 줄 아는 아이라면 함께할 수 있는 놀이가 무척 많은데, 그 가운데 하나가 바로 '참참참'입니다. 이 역시 해본 기억이 있을 텐데, 가위바위보를 해서 이기는 사람이 진 사람 얼굴 앞에 손을 곧게 펴놓고 '참참참'이라고 말하면서 오른쪽이나 왼쪽을 가리키는 겁니다. 그러면 진 사람은 이긴 사람의 손이 가리키는 것과 반대방향으로 고개를 돌려야 하지요.

리듬감이 요구되는 이 놀이는 속도감 있게 진행해야 더 즐겁습니다. 아이와 함께하다 보면 어른들도 푹 빠져버릴 만큼 재미있지요.

비슷한 발음 빨리 말하기

빨리 말하기는 재미도 있지만 발음을 정확히 하는 데 많은 도움이 됩니다. 실제로 아나운서들도 이런 방법으로 발음연습을 할 정도로 효과적이지요. 예를 들면 이런 것들입니다.

철수책상 철책상

한국항공 관광화물 항공기

184

광장과장 박광기 관광과장

간장공장 공장장은 강공장장 된장공장 공장장은 장공장장

내가 그린 기린 그림이 목 긴 기린 그림이냐 목 안 긴 기린그림이냐

앞집 팥죽 붉은팥 팥죽 뒷집 깨죽 검은깨 깨죽

끝말잇기

끝말잇기는 다양한 단어를 익히는 데 아주 좋은 방법이기도 하고 나중에 글을 배울 때에도 도움이 되는 놀이이지요. 더욱이 장소에 구애받지 않고 어디서든 할 수 있어 좋습니다. 전철 안, 차 안, 병원에서 순서를 기다릴 때 등, 외출할 때에도 아이의 지루함을 들 수 있지요.

3세 정도부터는 주변에 보이는 사물의 이름으로 해볼 수 있습니다. 아이의 어휘가 늘어나면 동물 이름, 식물의 이름 등 조건을 늘려나가면 꽤 자란 이후에도 충분히 즐길 수 있습니다. 중학생이 된 딸과 끝말잇기를 계속한다는 어느 어머니는 아이의 어휘를 따라가기 위해서는 새로운 단어를 계속 공부해야 한다고 합니다. 그 정도로 아이의 어휘가 많이 늘지요.

뒤집어 읽어도 같은 말 찾기

끝말잇기를 하다 보면 뒤집어 읽어도 같은 단어가 더러 나옵니다. 아이가 이를 인식하면 그때부터는 '뒤집어 읽어도 같은 말 찾기'를 해

보세요. 이것은 단어의 성립을 이해하는 데 도움이 되고, 선대칭 같은 규칙을 깨닫는 계기가 되기도 합니다.

처음에는 쉬운 것부터 해보세요. 짧은 단어나 간단한 말부터 재미를 깨닫는 것이 좋겠습니다. 그러는 사이 아이 스스로 찾아보게 되고 말의 재미를 깨닫게 되지요. 뒤집어 읽어도 같은 말에는 다음과 같은 것들이 있습니다. 인터넷으로 검색하면 여기 소개된 것 외에도 다양한 예를 찾을 수 있습니다. 하지만 무엇보다 좋은 것은 아이가 스스로 찾는 거겠죠.

멍멍, 구구, 뽀뽀뽀, 일요일, 토마토, 스위스

아 좋다 좋아

다시 합창합시다

다 같은 별은 별은 같다

자꾸만 꿈만 꾸자

장가간 가장 시집간 집시

다 된 장국 청국장 된다

실뜨기

실뜨기는 손에서 손으로 전해져온 놀이입니다. 해본 적이 없다 해도 주위 사람들에게 물어보면 쉽게 배울 수 있을 만큼 간단합니다. 하지만 일정한 규칙도 있고 끈기도 필요하지요. 실이 엉켰을 때는 특히 인내심이 필요합니다. 물론 엉키지 않게 하는 요령도 알려주면 좋지만 그래도 엉망이 될 때는 있습니다. 그럴 때 차분하게 풀어나가는 것도 배울 수 있겠지요.

손가락을 움직이는 것을 좋아하는 아이라면 특히 즐겨하게 될 것입니다. 우선 요령을 터득하는 데 즐거워 합니다. 일단 재미를 들이면 실뜨기로 나오는 다양한 모양에 이름을 붙여봅니다. 이미 이름이 있는 경우가 대부분이지만 아이 나름대로 이름을 붙여보도록 하는 것도 좋겠습니다. 참고로, 실뜨기 모양에 붙은 이름에는 사다리, 폭탄, 비행기, 피라미드, 거미집 등이 있습니다.

실로 할 수 있는 놀이는 이 외에도 많습니다. 예를 들면, 목걸이 꿰기, 모빌 만들기, 간단한 바느질 같은 놀이도 아이들이 아주 즐거워하지요. 바늘을 사용하기에 너무 어린 아이라면 테두리에 구멍을 뚫은 펠트에 실을 통과시키는 것으로 대신할 수 있습니다.

오자미 놀이

오자미 놀이는 천을 고르거나 내용물을 채워넣는 것부터 시작됩니다. 흥미의 폭이 넓은 아이라면 내용물의 종류나 양을 의논할 수 있겠지요. 흥미를 보이지 않던 아이라도 의견을 물어보면 대부분 흥미를 갖습니다.

오자미는 부모와 아이가 가까운 거리에서 주고받거나 아이 혼자 위로 던졌다가 받는 것부터 시작해 저글링처럼 수를 늘려가면서 놀이를 할 수 있습니다. 또 야외로 나가면 피구와 같은 놀이를 할 수도 있지요. 물론 친구들 여럿이 함께하면 더 재미있겠지만, 가족끼리도 충분히 할 수 있답니다.

블록 쌓기

블록은 어느 가정에나 있는 장난감이지요. 만약 아이에게 블록을 사줄 생각이라면 플라스틱이나 금속보다는 목제로 된 것을 권장합니다. 손에 쥐었을 때 감촉과 온기가 매우 중요하기 때문입니다. 또 나무 소재는 다른 소재보다 중량감이 있고, 그러면서도 위험성은 적지요.

아직 아이가 어리다면 종이 우유팩으로 아이와 함께 만들어보는 것도 좋습니다. 우유팩을 씻어 말린 다음, 신문지로 속을 채우고 직육면체가 완성되도록 입구를 막으면 블록 하나가 완성됩니다. 우유를 마시고 난 다음 팩을 씻어 말리면서 블록 만드는 일을 아이와 함께 계획해보세요. 시간이 다소 걸려도 아이는 상관하지 않고 열심히 팩을 모을 것입니다. 특히 신문지를 적당하게 찢어 구겨넣는 일을 아주 좋아하지요.

블록이 준비되었으면 처음에는 부모와 아이가 교대로 쌓아올리는 것부터 시작해보세요. 물체 모양의 특성이나 튼튼한 구조에 대한 이해가 여기에서 시작됩니다.

아이가 자라면 모양이 다양한 블록으로 다양한 구조물을 만들 수 있습니다. 이때 아이는 부모와 함께 노는 동안 익힌 것들을 이용해 보다 안정적이고 멋진 구조물을 만들기 위해 스스로 노력하게 됩니다.

블록 쌓기는 말 그대로 쌓으면서 노는 것인데, 놀이방법은 생각해내기에 따라 얼마든지 다양해질 수 있습니다. 이미 쌓아놓은 블록 가운데 하나를 빼면서 넘어지지 않게 하는 놀이도 많이 하는데, 여기에서도 규칙을 더하면 더 재미있는 놀이가 되지요. 예컨대, 가장 위에 있는 블록은 빼지 않고 남겨두어야 한다거나, 색과 모양이 다른 몇 종류의 블록으로 놀이를 하는 경우 같은 색이나 같은 모양을 연속해서 빼낼 수 없다 등의 규칙을 정해놓는 것입니다.

색칠하기와 종이인형 놀이

예전에는 뒤표지에 색칠하기나 종이인형이 인쇄되어 있는 노트가 아주 많았습니다. 크레파스나 색연필로 정성들여 색을 칠하고는 누가 더 멋지게 했는지 친구들과 비교해보곤 했지요. 여자아이들은 노트를 다 쓸 때마다 오려모은 종이인형과 인형 옷이 한 아름이었습니다. 이 또한 자랑거리였지요.

하지만 종이인형 놀이라고 해서 여자아이만 할 수 있는 것은 아닙니다. 특별히 남성적 취향이 강한 아이라 해도 좋아하는 만화 캐릭터에

멋진 옷이나 망토, 부츠를 신기는 것으로 시작할 수 있지요. 하지만 대부분의 아이는 특별한 성별 취향을 보이지 않습니다. 대부분은 부모에 의해 그런 성향을 갖게 되지요. 따라서 성에 구애되지 않고 다양한 놀이를 하도록 유도해주세요.

종이인형의 옷을 갈아입히는 놀이는 가위를 섬세하게 사용해야 하고 인형의 작은 소품을 움직여야 하므로 소근육 발달에 좋습니다. 또 다양한 옷을 매치시키는 동안 미적 감각도 기르기 되지요. 뿐만 아니라 소꿉놀이를 하는 것과 마찬가지로 역할놀이까지 할 수 있습니다. 상황극이나 역할극은 아이들에게 아주 좋은 놀이지요.

'색칠하기'의 경우 시판되는 제품이 아주 다양하게 나와 있습니다. 단순히 색칠하는 것에서부터 모양을 이어 그림을 완성해나가는 것처럼 아이디어를 끊임없이 생각해내게 하는 것까지 정말 다양합니다. 물론 이런 제품을 사는 것도 좋습니다. 그리고 부모가 직접 그려주는 것도 좋겠지요. 그림에 자신이 없어도 상관이 없습니다. 아이에게는 그림이 그려지는 과정도 아주 즐거운 볼거리가 되니까요. 더욱이 아이에게 더 좋은 추억으로 남겠지요.

그림에 어느 정도 자신이 있거나 그리는 데 재미가 붙으면 종이인형도 만들어보세요. 아이에게 인형과 인형 옷을 색칠하게 하면 이중의 효과가 있는 거겠죠.

점토놀이 ✺

뒤처리를 생각하는 부모 입장에서 점토놀이는 아무래도 꺼려지지만, 아이에게는 더없이 좋은 놀이입니다. 많은 전문가들이 지적한 것처럼 흙의 감촉은 아이의 정서에 지대한 영향을 미치지요. 신문지나 포장지 등을 깔고 아이가 맘껏 만지고 다양한 모양을 만들 수 있도록 해주세요.

점토를 반죽하면서 손가락 끝 감각도 단련할 수 있고 모양이 완성되면 큰 성취감도 느낍니다. 여기서 느낀 성취감은 뭔가를 차근차근 이루어나가면 모양이 완성되어간다는 것을 기억하게 해줍니다.

점토는 다른 공작과 달리 풀이나 가위를 사용하지 않아도 되고 까다로운 곡선도 자유자재로 만들 수 있어, 아이에게는 종이 같은 소재보다 다루기 쉬운 면도 있습니다. 게다가 의도한 바와 다른 모양이 나왔을 때 다시 만드는 것도 간단합니다. 반면 부서지기 쉽고 보존하기 어려운 면도 있지요. 아이가 만든 작품을 사진으로 찍어 보관해두면 좋겠습니다.

종이접기 ✺

색종이 역시 아이에게는 친숙한 재료이지요. 아직 어려 다양한 종이접기를 할 수 없을 때에는 우선 반으로 접게 하세요. 그런 다음 부모가 가위로 잘라 모양을 만든 다음 접은 종이를 펴보게 하는 겁니다. 펼치면 하트와 같은 모양이 완성되도록 말입니다. 아이에게는 대칭을 배울 수 있는 아주 좋은 기회가 됩니다.

물론 접는 횟수를 늘여나가거나, 일정한 모양이나 순서에 상관없이 접은 종이를 아이가 원하는 모양대로 잘라 펴보는 것도 좋습니다. 길게 돌돌 만 신문지를 이용해도 좋겠지요.

덧붙여, 마구 구긴 종이에 도장처럼 물감을 묻혀 도화지에 찍거나, 그대로 펼쳐서 도화지에 붙인 다음 그것을 토대로 그림을 그려나가면 상상력도 길러집니다.

한편으로 종이접기도 계속해 나갑니다. 단순히 접는 것만으로도 아이의 사고능력에 자극을 줄 수 있지요. '색종이를 두 번 접어보자'라고 말하면 아이는 어떻게 접을까요? 직사각형인 색종이를 다른 방향으로 접어 정사각형 네 개가 되도록 만들 수도 있고, 한 방향으로만 접어 더 가늘고 긴 직사각형으로 만들기도 합니다. 또 대각선으로 접어 삼각형을 만들기도 하죠. 이처럼 두 번 접는 것만으로도 최소한 세 가지 패턴이 완성됩니다.

반드시 모서리를 맞추어 접어야 하는 규칙이 있는 것은 아니니까 유연한 사고를 가진 아이라면 처음에 직사각형으로 접은 다음 대각선을 따라 접어 예각을 가진 직각삼각형을 만들 수도 있습니다. 이러한 패턴을 부모가 보여주는 것도 한 방법이겠지요.

간단한 것부터 시작해 수준에 맞는 종이접기 책을 한 권 사서 하나씩 아이와 함께 만들 수도 있습니다. 서점에 가면 다양한 단계의 종이접기 책이 나와 있는데, 2~3살 아이라도 해볼 수 있는 것부터 예술작품과도 같은 작품을 완성하는 것까지 소개되어 있지요.

또 한 종류를 계속 접으면서 모양을 발전시키는 것도 방법입니다. 예를 들어 종이비행기라 해도 접기에 따라 다양한 모양이 나오지요.

실외에서 부모와 함께하는 놀이 ||||||\|\|\||\

아이와 함께 공원이나 광장, 녹지 등에 갈 때, 뭔가를 꼭 해야만 하는 것은 아닙니다. 함께 산책하면서 날씨에 대해 이야기를 나누거나 식물을 관찰하며 걷는 것만으로도 충분히 좋은 자극이 됩니다.

또한 안전이나 공중도덕에 대해 이야기하는 것도 좋습니다. 공원 같은 공공 시설에서는 물 마시는 장소나 화장실 사용법 등도 가르쳐주어야 합니다.

아이와 모래놀이를 하기로 약속했다거나 미끄럼틀을 무서워하는 아이에게 도전할 기회를 주겠다고 맘먹은 등의 경우가 아니라면 뭔가를 해야만 한다는 생각은 전혀 할 필요가 없습니다. 그저 놀이터에서 함께 놀아

> 야외에서 꼭 뭔가를 해야만 하는 것은 아닙니다. 함께 산책하면서 이야기하고 관찰하는 것만으로도 충분히 좋은 자극이 되지요.

주고 함께 공을 차는 것만으로도 충분하지요. 여기에서 소개하는 실외
놀이는 모두 그처럼 쉽게 아이와 놀 수 있는 것들입니다.

모래놀이

아주 어린 아이라도 할 수 있는 놀이가 모래놀이입니다. 모래가 깔
려 있는 놀이터에 가면 아이들은 특별히 가르칠 필요도 없이 모래를
가지고 놀지요. 손으로 파거나 담아 옮기기도 하고 주변에서 구할 수
있는 나무막대나 돌멩이를 이용하기도 하면서 자유롭고 창의성을 살
려 놀지요.

그렇다고 해서 마냥 내버려두는 것보다는 부모와 함께 모래놀이를
한 기억을 갖도록 해주는 것이 좋겠지요. 또 모래경단을 만들거나 터
널을 파서 보여주면 아이는 다양한 형태로 여러 가지를 만들게 됩니
다. 떠먹는 요구르트 통이나 페트병 등 크기와 모양이 다양한 도구들
을 사용하도록 유도한다면 더욱 좋겠습니다.

단, 모래를 입에 넣거나 던져서는 안 된다는 것은 가르쳐야 합니다.
이것만 주의한다면 모래놀이는 온전히 아이의 상상에 맡겨도 문제가
없습니다.

놀이터 놀이기구

미끄럼틀은 부모가 함께하면 유아기부터도 사용할 수 있습니다. 그

런데 미끄럼틀을 무서워하는 아이는 의외로 많습니다. 자기방어와도 같은 반응인데, 3세 이후에는 부모의 도움을 받으면 극복할 수 있는 두려움이지요.

긴 미끄럼틀의 경우에는 아이가 5~6세라 해도 처음에는 부모가 함께 내려가는 편이 좋다고 생각합니다. 물론 익숙해지거나 재미를 느끼면 혼자서도 타게 될 것입니다.

시소나 정글짐, 그네 등도 부모가 함께 놀면서 안전하게 사용하는 방법을 가르쳐주고 보조하는 것부터 시작합니다. 이때 주변에 다른 아이들이 있다면 그 아이들과도 함께 놀아주세요. 그러면 이내 부모의 도움 없이도 혼자서 혹은 그 자리에 있는 다른 아이들과 놀 수 있게 되지요.

철봉

철봉은 부모의 도움이 꼭 필요한 놀이기구입니다. 철봉 역시 대부분의 아이가 무서워하기 때문에 아이 곁에서 지켜보면서 도움을 주어야 합니다. 또 철봉에서 떨어져 다치지 않도록 충분히 주의를 기울여야 하지요.

우선 아이가 철봉에 매달릴 수 있도록 부모가 도와주어야 합니다. 그런 다음에는 몸을 돌리는 등의 동작을 익히게 도와주어야 하지요. 철봉은 자신의 체중을 자기 손으로 지탱하는 감각이나 균형감각을 익힐 수 있는 놀이입니다. 어릴 때부터 익숙해지면 자신감을 길러주기도 하지요. 또한 철봉에 올라 몸을 앞으로 한 바퀴 돌리며 천천히 내려오는 일련의 움직임을 통해 아이의 운동능력은 크게 향상됩니다.

줄넘기

줄넘기도 꼭 부모와 아이가 함께했으면 하는 놀이입니다. 줄넘기는 손과 발을 타이밍에 맞게 잘 움직여야 하므로 리듬감이나 균형감각을 익힐 수 있을 뿐 아니라, 운경신경을 발달시키고 성장점을 자극해 아이의 발육에도 많은 도움이 되지요.

줄넘기를 처음 배우는 아이에게는 우선 줄넘기의 두 손잡이를 한 손에 쥐고 천천히 돌리는 연습부터 하게 해주세요. 줄을 돌리는 연습도 되고 속도나 리듬을 익히는 데에도 도움이 됩니다. 다음은 역시 한 손으로 줄을 돌리면서 줄이 바닥에 닿는 순간 뛰어오르는 연습을 하게 합니다.

본격적으로 줄넘기를 하게 되면 개수를 늘려 나갑니다. 또 걸으면서 뛰기, 한 발로 뛰기, 줄 뒤로 돌리기, X자로 줄 돌리기, 나아가 2단 뛰기 등을 할 수도 있습니다. 이 정도 되면 운동량도 만만치 않고 운동신경도 눈에 띄게 발달하게 되지요.

친구와 함께하는 보드게임 ((((((\\()(((((\\

실내에서 친구들과 어울려 놀기에 가장 적절한 것은 보드게임입니다. 보드게임은 온가족이 함께할 수도 있고 많은 것을 배우게 되므로 한두 가지 정도는 아이가 미리 익히도록 해주세요. 그러면 생일잔치 같은 때, 아이의 친구들이 놀러왔을 때 아이들끼리라도 즐거운 시간을 보낼 수 있습니다. 막상 아이들이 놀러와도 서로 어울려 놀지 못하거나 할 놀이가 없어 멀뚱히 앉아 시간을 보내는 일은 없지요.

보드게임 가운데 가장 먼저 권하고 싶은 것은 주사위 놀이입니다. 처음에는 시중에 나와 있는 놀이판을 이용해도 좋지만 나중에는 아이와 함께 머리를 맞대고 만들면 더 좋겠지요. 뛰어넘기, 되돌아가기, 쉬어가기 등의 규칙을 하나씩 만들어 나가는 재미도 있습니다.

또 주사위의 수를 늘이는 것도 좋습니다. 처음에는 주사위 하나로 게임을 하다가 다음에는 두 개, 세 개로 늘이면 다양한 경우의 수를 익히고 수를 더하는 계산도 상당히 빨라집니다.

이 외에도 카드놀이나 다이아몬드 게임, 장기, 체스, 오목 등 다양한 놀이를 할 수 있습니다. 시중에 나와 있는 다양한 보드게임을 이용해도 좋겠습니다.

> 가장 권하고 싶은 보드게임은 주사위 놀이입니다. 이이와 함께 놀이판을 만들고, 주사위 수를 하나씩 늘여가면서 해보세요.

친구들과 함께하는 실외놀이 \(\(\(\(\(\(\\)\(\)\(\(\\)\)

놀이터나 공원에서 어울려 노는 아이들을 보면 정말 아이답다고 느껴집니다. 그런 모습이야말로 원래 아이의 자연스런 모습이 아닐까요. 실내에서 노는 것도 물론 중요하지만 바깥에서 뛰어다니며 노는 경험은 꼭 시켜주세요.

요즘은 근처 아이들과 노는 일도 별로 없는 것 같은데 연령이 다른 아이들이 모여 노는 것은 매우 좋은 체험이 됩니다. 부모가 적극적으로 그런 기회를 만들어주어 다양한 놀이를 할 수 있도록 해보세요.

숨바꼭질을 비롯한 다양한 술래잡기는 아주 오랫동안 사랑받아온 놀이이지요. 그만큼 재미있고 아이들이 어울려 놀기에 좋은 놀이입니다. 어울려 노는 아이가 많을 때에는 꼬리잡기나 꼬리 끊기 같은 놀이도 좋습니다. 아이가 적을 경우에는 비석치기나 땅따먹기도 좋지요.

5장

상황별 실천편

01

아침에 일어나 집을 나서기까지

지금까지 우리는 품위 있는 아이로 기르기 위해 익혀야 할 생활습관이나 예절, 건강하고 유쾌한 생활을 위한 다양한 놀이에 대해 알아보았습니다. 어느 것 하나도 소홀히 할 수 없기에 이 모든 것을 다 기억해야 하지만 쉬운 일은 아닙니다. 하지만 걱정할 필요는 없습니다. 이 모든 것을 한꺼번에 아이에게 가르쳐야 하는 것은 아니니까요. 물론 그럴 수도 없지요.

이번 장에서는 실제 어느 가정에서나 일어날 수 있는 상황에 따라 아이를 대하고 교육하는 방법을 소개하고자 합니다. 지금까지 알아본 것들을 돌이켜보고 다시 한 번 기억하게 하는 것은 물론이고, 실제로 어떻게 적용되는지도 알아볼 수 있는 방법이라고 생각합니다.

소개하는 상황은 세 가지입니다. 이는 현재 유치원에 다니며 7살인 수현이 집에서 일어나는 실제상황을 정리한 것이기도 합니다. 외동인 수현이는 부모와 살고 있습니다. 각각의 장면이 실제 우리 집에서는 어떤 모습인지 떠올려보면서 읽어봐 주세요.

아침, 아이를 깨울 때 \|\|\|\|\|\|\|\|\|\|\|\|\|\|\|\|\|

곤히 자는 아이를 깨우는 일은 상당히 고역스럽지요. 유치원에 가야 하는 수현이를 깨우는 수현이 어머니도 같은 마음일 것입니다. 그렇다고 마냥 꾸물거리고 있을 수는 없습니다.

수현이 어머니는 평소보다 더 상냥한 목소리로 말을 건넵니다.

"잘 잤니, 수현아? 오늘은 날씨가 참 좋구나."

아이를 깨울 때는 의식적으로 밝은 목소리로 부드럽게 깨워야 합니다. 잠에서 깨어나는 것은 어른에게도 어려운 일인데, 갑자기 '빨리 일어나! 뭐하고 있어?'라고 큰소리로 깨우게 되면 아이는 울고 싶은 마음일 것입니다.

엄마의 상냥한 목소리를 듣고 눈을 뜬 수현이는 아직 잠에서 덜 깬 눈으로 엄마를 바라봅니다. 수현이 어머니는 커튼을 열어 햇빛이 들어오게 하면서 기특한 수현이를 보며 웃어줍니다.

어떻습니까? '그런 드라마 같은 일은 없을 거예요. 아침에는 정신없으니까.' 이런 말이 들려오는 것 같군요. 하지만 이것은 실제상황입니다. 조금만 여유를 갖는다면 누구나 할 수 있는 일이기도 하고요. 사실 어떤 식으로 아이를 깨우든 시간이 드는 것은 마찬가집니다. 이왕이면 이처럼 부드럽고 상냥한 목소리로 깨우는 편이 아이에게나 부모에게도 좋은 일이 아닐까요?

기분 좋게 잠에서 깨어난 수현이가 말합니다.

"엄마, 안녕히 주무셔써요……?"

또박또박 인사하면 더 좋을 텐데, 아쉽기는 하지만 화를 내서는 안 됩니다. 막 잠에서 깨어났으니 인사한 것 자체를 칭찬해주는 정도가 딱 좋지요.

"그래, 너도 잘 잤니? 잠에서 깨자마자 엄마에게 인사를 해주니까 기분이 참 좋다. 이제 일어나야지."

아이가 잠에서 완전히 깨어나게 하려면 계속 말을 걸어 두뇌활동을 하게 하는 것이 가장 좋습니다.

"오늘은 유치원에서 뭘 한다고 했지?"

그러면 아이는 생각을 하게 됩니다. 하지만 바로 대답을 하지 못한다고 해도 참을성 있게 대화를 이어 나가야 하지요. 전날 밤에 읽어준 책 내용에 대해 이야기해도 좋겠습니다. 이야기의 내용을 떠올리게 해주는 것도 좋겠지요. 그렇게 함으로써 잊어버릴 것 같았던 이야기를 다시 떠올릴 기회도 됩니다.

"어제 이야기는 재미있었지? 특히 곰이 나온 장면에서는 깜짝 놀랐어, 그치?"

잠자리에서 일어난 이후 ⑴⑴⑴⑴⑴⑴⑴⑴

이야기하는 사이 잠에서 깬 아이가 이부자리에서 나오면, 보통 아이가 해야 할 일들을 상기시켜주지요. 그때도 '빨리빨리 좀 해!'라고 몰아세우는 것은 그만둡시다. 몰아세우지 않아도 될 정도로 여유 있게 깨워 느긋하게 하는 습관도 중요합니다.

"이불부터 정리하고 세수하자."

이처럼 매일 듣는 말일수록 더욱 온화한 기분으로 듣고 대답할 수 있어야 합니다. 끊임없이 잔소리를 늘어놓는 것이 아니라 할일을 상기시켜주는 것으로 받아들이는 것이 중요하니까요. 아이가 화장실로 가 볼일을 보고 세수를 하는 동안 수현이 어머니는 아침식사를 준비하러 부엌으로 갑니다.

욕실에서 ∴∴∴

아침은 식구 수가 적은 가정에서도 욕실이 붐비는 시간이지요. 욕실 앞에서 기다려야 하는 경우는 흔합니다. 수현이 집에서도 같은 일이 벌어졌습니다. 수현이 아버지가 먼저 욕실을 사용하고 있네요.

"아빠, 안녕히 주무셨어요?"

수현이는 욕실 앞에서 멈춰서서 면도하고 있는 아버지에게 인사를 합니다.

"어, 수현아, 잘 잤니?"

일단 아이의 인사를 받은 아버지는 이렇게 말합니다.

"금방 끝나니까 조금만 기다려라."

인사를 해도 변변한 대답이 돌아오지 않거나 기다리게 하는 것을 당연히 여기는 태도를 보이면, 아이 역시 양보하는 마음이나 미안해 하는 마음을 가지지 못합니다.

세수한 다음 옷 갈아입기 ∴∴∴

수현이는 세수를 끝내고 다시 방으로 들어가 옷을 갈아입지요. 이 모든 것을 부모와 함께해야 하는 것은 아닙니다. 혼자 할 수 있는 일은 혼자 하는 것이 좋지요. 아이로서도 혼자 해내면 부모에게 신뢰받는다는 것을 기쁘게 여깁니다. 그리고 책임감을 갖고 해내려는 마음을 가지지요.

물론 잠들기 전에 다음날 입을 옷을 챙겨 두는 것이라든가 벗은 잠옷을 어떻게 정리하는지에 대해서는 유아기 때부터 가르쳐두어야 합니다. 그리고 아이 혼자 할 수 있겠다는 판단이 들면 그 다음부터는 조금씩 아이에게 맡겨보세요.

칭찬도 요령이 있습니다. '잘 했다'는 판단이나 평가보다 '있는 사실 그대로'를 말하는 게 더 바람직하지요.

처음에는 지켜보면서 도움말을 주거나 도움을 요청할 때 도와줄 수도 있지만, 이때에도 따라다니며 잔소리하지는 말았으면 합니다. 아이가 느리거나 서툰 것은 당연한 일입니다. 아이가 자신의 페이스대로 일을 해낼 수 있도록 기다려주는 것이 습관을 익히게 하는 요령이라고 할 수 있습니다.

그리고 식사를 하기 위해 식탁으로 오면 혼자 옷을 입은 아이에게 칭찬하는 걸 잊지 말아주세요. 이때 판단이나 평가의 의미를 담은 '잘했다'는 말보다는 '있는 사실 그대로'를 말해주는 게 더 바람직합니다. 이렇게요.

"오늘 수현이가 옷을 아주 반듯하게 입었네."

주방에서

수현이가 식탁에 앉기 전에 어머니가 말합니다.

"수현아, 이 반찬들을 식탁으로 좀 옮겨줄래?"

아이가 집안일을 거들게 하려면 일을 시킨다는 기분이 강해 어조가 강해지기 쉽습니다. 그러나 이럴 때 '부탁한다'는 마음을 담아 말하면 아이는 잘 받아들이고 즐겁게 거들게 되지요. 그리고 아이가 접시를 날라주면 반드시 고마움을 표시해주세요.

"수현이가 도와주니까 엄마 일이 한결 수월해졌어."

가족이 식탁에 둘러앉았을 때에는 부모나 아이나 모두 입을 모아 말합니다.

"잘 먹겠습니다!"

경우에 따라서는 한 사람씩 말할 수도 있지만, 함께 인사하고 함께 먹는 것은 좋은 습관입니다.

식사하는 동안에는 각자의 하루 스케줄이나 전날 있었던 일을 이야기합니다. 또는 텔레비전이나 라디오 뉴스를 들으면서 아이에게 여러 가지를 이야기해주어도 좋겠습니다. 특히 뉴스를 들으면 이야기할 거리가 많지요. 그때마다 화제로 떠오르는 뉴스나 행사, 날씨 등 아이가 관심을 갖고 묻는 일이나 부모가 알려주고 싶은 것을 이야기해주면 되지요.

가능하다면 함께 식사를 끝내는 것이 좋지만, 아침시간은 다들 무척 바쁘기 때문에 그러기 힘든 경우도 있습니다. 그렇다고 해도 식탁에서 일어날 때에는 '잘 먹었습니다!'라고 소리 내어 말하는 것을 잊지 말도록 합시다.

집을 나설 때 \|\|\|\|\|\|\|\|\|\|\|\|\|\|

아이가 집을 나서기 전에 부모 중 누가 먼저 나가는 경우 반드시 아이가 현관까지 나와 배웅하도록 해야 합니다. 수현이 집에서는 아버지가 먼저 집을 나서네요.

"다녀올게."

출근 준비를 모두 끝낸 아버지는 아직 부엌에 있는 수현이 어머니에게 먼저 인사를 합니다. 그러자 어머니가 수현이를 부릅니다.

"수현아, 아빠 나가신다!"

유치원 갈 준비를 하던 수현이가 서둘러 방에서 나옵니다. 그러고는 어머니와 나란히 현관 앞에 서서 인사를 하네요.

"다녀오세요."

놀라운 것은 그 다음입니다.

"그래, 고맙다. 수현이도 즐거운 하루 보내고 저녁에 만나자."

어떻습니까? 정말 칭찬해주고 싶은 아버지이지요?

배웅은 이걸로도 충분합니다. 가능하다면 일반주택인 경우 대문 앞까지, 아파트라면 복도나 엘리베이터 앞까지 가서 배웅하면 더 좋겠지만요.

이제 수현이는 유치원에 갈 준비를 마저 해야 합니다. 알림장을 확인하고 준비물을 챙기는 것도 수현이 몫이지요. 수현이 어머니는 체

크만 합니다.

"준비는 다 됐니?"

그러면 수현이가 뿌듯한 미소를 지으며 대답하지요.

"예, 다 챙겼어요."

나갈 채비를 다한 다음 시간적 여유가 있다면, 아이에게 작은 일을 맡겨보는 것도 좋습니다. 예를 들면 현관에 놓인 신발들을 가지런히 정리하는 것과 같은 간단한 일이 좋겠지요. 바쁜 아침이고 아직 어린 아이가 자기 일을 하는 것도 기특한데 더 바라는 것은 무리라고 생각할 수도 있습니다. 물론 그렇습니다. 하지만 시간적으로 여유가 있다면 간단한 일을 맡겨 가족을 위한 일을 하는 기쁨을 알게 하는 것도 좋지요. 여기에서 중요한 점은 작은 일이라도 매일 한다는 것입니다. 습관은 이처럼 쌓이고 쌓여야 형성되는 것이니까요.

근처 마트에서 장볼 때

장보러 가기 전 ||||||\||||||

장보는 것은 집안일 거들기라기보다는 부모와 함께 보내는 시간이라
고 생각하면 좋겠습니다. 대개는 오후 3시 이후에 가게 될 테니까 아
이는 이미 뭔가를 하며 놀고 있는 경우도 많겠지요. 수현이도 퍼즐을
하고 있습니다.

"장보러 갈 건데 같이 가자."

어머니가 수현이에게 말합니다. 하지만 수현이는 퍼즐을 끝내고 싶
어 합니다.

"잠깐만요, 이것만 다하고요."

이때 아이의 스케줄을 무시하는 태도는 피해야 합니다. 다만 마냥 기다릴 수는 없으므로 아이가 조금 서두르도록 시간을 언급하는 게 좋겠지요.

"좋아. 얼마나 걸릴까?"

"10분쯤요."

"그럼, 정돈까지 끝나면 말해줘."

집을 나설 시간과 그때까지 할일을 확인했으니 이제 기다려주기만 하면 됩니다. 이때도 부모에게 특별히 할일이 없다 해도 대신 정돈해줄 필요는 없지요.

그렇다고 해서 팔짱을 낀 채 노려보고 있어서도 안 됩니다. 부모가 기다린다는 사실이 아이에게 보통 때보다 조금 서두르는 정도의 부담만 주면 충분합니다. 지나치게 서둘러서 하고 있는 일을 채 끝내지도 못한다거나 제대로 정돈할 수 없어서는 안 되니까요.

수현이 어머니는 기다리는 동안 거실에서 신문을 읽고 있습니다. 아이 스스로 할 수 있는 일에 간섭하거나 방해가 되지 않게 기다리는 것은 아주 바람직합니다.

잠시 후, 퍼즐놀이가 끝나고 정돈이 끝난 수현이가 어머니에게 말합니다.

"엄마, 다 끝났어요. 이제 장보러 가요."

아쉬운 점은 이때 아이라도 '기다리셨지요' 등의 말을 할 수 있도록 예절을 가르쳤으면 하는 것입니다. 친구들에게도 마찬가집니다. 자기를 위해 기다려준 친구에게 '많이 기다렸지?' 혹은 '기다려줘서 고마워' 등의 말로 고맙고 미안한 마음을 전하는 것은 아주 중요하지요.

장볼 목록 메모하기 \\\\\\\\\\\\\\\\

장보러 가기 전에 장볼 목록을 작성하는 것은 여러 모로 아주 좋은 습관이지요. 특히 아이와 함께 갈 경우 교육을 위해서라도 메모하는 습관을 들이는 것이 좋습니다. 마트에서 아이가 물건을 찾거나 비교하는 일을 거들게 하는 데도 도움이 되지요.

수현이가 묻습니다.

"오늘은 뭘 살 거예요?"

수현이 어머니는 미리 적어놓은 메모지를 꺼내 아이에게 보여줍니다. 물론 아이와 함께 작성하는 것도 좋겠습니다.

"오늘 장볼 목록이란다."

수현이는 글을 읽을 줄 압니다. 만약 아직 읽기를 배우지 못한 아이라면 부모가 읽어주어 아이가 기억하게 하거나, 목록 옆에 아이가 구분할 수 있는 그림을 그려넣게 하는 것도 좋겠습니다.

수현이는 목록을 하나하나 소리 내어 읽어봅니다. 그 동안 어머니는 장바구니를 챙깁니다. 이제 집을 나설 준비는 모두 끝났습니다.

물건 찾고 고르기 |||||\|\|\|\|

이제 수현이와 어머니는 집을 나섰습니다. 목적지까지 가는 시간은 사회성을 기를 좋은 기회입니다. 아이와 함께 걷는 것이 가장 좋겠지만, 상황에 따라 대중교통이나 자동차를 이용하는 경우도 마찬가지지요.

가령 교통신호 읽는 법이나 기다리는 법, 좌회전이나 우회전하는 차에 주의를 기울여야 한다는 것 등을 가르칠 수 있습니다. 또 매너 좋은 사람이나 그렇지 못한 사람을 발견하면 아이에게 바르고 잘못된 매너에 대해 이야기해줍니다. 길가에 핀 꽃, 나무, 하늘을 보면서 이야기 나누는 것도 좋습니다.

마트에 도착한 이후에는 메모를 확인하면서 물건들을 찾아야 합니다. 이 과정은 아이에게 분류에 대해 가르칠 아주 좋은 기회이지요. 우선 식품, 의류, 잡화 등의 큰 범주의 분류를 설명하고, 식품 중에서도 육류, 어류, 채소, 과일, 유제품, 음료, 건조식품 등으로 나눈 작은 분류에 대해 설명합니다.

"엄마, 이제 치즈랑 우유 사러 가야 해요."

목록을 확인하면서 수현이가 말합니다.

"그런데 치즈는 어디 있어요?"

"치즈는 뭐로 만들지?"

"우유요."

"맞아, 치즈처럼 우유로 만든 것을 '유제품'이라고 하는데, 보통 우유 옆에 진열해놓는단다."

물건 고르는 일은 경제감각을 기르는 데 도움이 됩니다. 용도에 따라 일단 범위를 좁힌 다음에는 유통기한이나 용량, 가격 등을 비교해보도록 도와주세요.

물건을 모두 고르고 계산이 끝나면, 아이가 들 수 있는 만큼의 짐을 분담하게 합니다. 만약 자전거로 간 경우에는 무거워진 자전거를 밀게 하는 것도 좋겠지요. 또 자동차로 갔다고 해도 주차장까지 카트를 밀도록 하거나 빈 카트를 가져다놓게 합니다.

단, 주차장 안은 차가 많으니까 주의해야 합니다. 처음에는 부모가 따라가서 함께 반환합니다.

아이가 아무리 사소한 것을 거들었어도 반드시 '고마워'를 잊지 말고 말해주세요. 인사말을 하는 습관을 기를 뿐만 아니라 부모에게 조금이나마 힘이 되었다는 기쁨은 아이에게 큰 힘이 됩니다.

아이의 질문을 그 자리에서 해결하지 못할 때에는 집으로 돌아온 다음 가능한 빨리 해결하는 것을 목표로 합시다.

보통 장을 보는 동안에도 아이는 많은 질문을 합니다. 만약 그 자리에서 해결하지 못한 것이 있다면 집으로 돌아온 다음 가능한 빨리 해결하는 것을 목표로 합시다. 가령 아이가 가게에 진열된 피망을 보고 열매 맺는 것을 본 적이 없다고 한다면, 함께 도감에서 찾아보거나 인터넷을 활용해 찾아봅니다. 시간이 오래 걸리는 것이 아니라면 사온 것을 정돈하고 요리를 시작하기 전에 해주는 것이 효과적입니다.

여름방학 여행지에서

아이에게 부모와 함께하는 여행은 정말 즐거운 일입니다. 아주 사소한 일도 좋은 추억이 되지요. 기차를 타는 경우 차표를 아이에게 맡겨보는 것도 좋습니다. 잃어버리면 안 되고 구겨져도 안 된다는 것을 알려주면 아이는 잘 보관하기 위해 긴장하게 되지만, 이 또한 좋은 경험이 되지요.

일단 차에 오르면 창밖의 경치를 보면서 자연의 변화나 생태에 대해 이야기합시다. 또 부모가 자주 이용하는 기차라면, 붐비는 시간대나 시기, 매너에 대해서도 이야기하면 아이에게는 얻는 것이 많은 여행의 시작이 될 것입니다.

역에 도착하면 기차를 타기 전에 우선 화장실을 다녀오도록 합니다. 아이가 아직 안 가고 싶다고 말할지도 모릅니다. 그런 경우에는 왜 가야 하는지를 설명하는 좋은 기회라고 생각해주세요. 머리를 쥐어박으며 "잔말 말고 갔다 와!"라고는 하지 않도록 합니다. 이유도 모른 채 강요당하면 누구라도 불쾌할 것입니다. 어른이라도 그렇겠지요. 어른이 당해서 싫은 일은 아이 역시 싫은 법입니다.

도시락을 싸서 기차를 탄다면 아이에게는 즐거운 일의 연속일 것입니다. 일단 기차에 오른 다음에는 아이가 무엇에 눈을 반짝이는지 잘 관찰합니다. 만약 풍경이나 주위에 무관심하거나 가방에서 게임기를 꺼내는 것 같으면 반드시 주의를 돌려주세요.

"옆에 가는 저 기차는 어디로 가는 걸까?"

"우리가 탄 기차랑 저기 저 자동차랑 어느 게 더 빠를까?"

"저 밭에는 심어놓은 게 뭐지?"

"산 좀 봐. 꼭 사람 얼굴 같다."

아이의 바람직하지 않은 행동을 나무라기보다는 다른 것으로 흥미를 돌려 이런저런 이야기를 한다면 아이는 꺼내려던 게임기를 다시 집어넣겠지요.

"수현아, 이 책 좀 볼래? 우리가 갈 곳을 소개해놓은 책이야."

수현이 아버지가 미리 준비한 가이드북을 꺼내면서 말합니다. 여행이니까 목적지에 대한 자료나 가이드북을 보거나, 여행 일정에 대해 이야기하는 것도 즐거운 일입니다.

"아빠, 여기는 사과가 많이 난데요."

"맞아, 사과는 조금 서늘하고 햇빛이 많은 곳에서 잘 자라거든. 게다가 그곳의 흙이 사과나무가 자라는 데 아주 좋다는구나."

목적지의 볼거리나 먹을거리는 물론이고 역사적 배경이나 자연환경 및 인문환경에 대해 이야기를 나눈 다음 목적지에서 직접 확인하게 된다면 즐거움도 배가 됩니다.

목적지에 도착하면 숙소 주변을 산책하기도 합니다. 여행지에서의 산책은 평소보다 마음도 몸도 더 자유롭게 만듭니다. 그래서 평소보다 더 강물소리나 새들의 지저귐에 귀 기울이고 자연의 색도 눈여겨보게 되지요.

저녁놀에 물든 하늘을 보면서 왜 하늘이 붉어지는지에 대해 이야기하고 꽃이나 풀 이름도 가르쳐주세요. 이름을 모르는 꽃을 보면 사진을 찍어 나중에 찾아보도록 합니다.

"엄마, 이 꽃 이름은 뭐예요?"

"글쎄, 잘 모르겠는데."

"마치 꼬마국화 같아요."

"정말 그렇구나. 사진 찍어둘까? 나중에 이름 찾아보게."

여행지에서는 그 지방을 대표하는 요리나 특산물로 만든 요리를 먹게 되지요. 이런 요리가 이 지방에서 유명한 까닭이나 그 특산물이 그

곳에서 많이 나는 이유 등에 대해서도 이야기하는 것이 좋겠습니다.

저녁식사 후에는 아이와 함께 그림일기를 써보는 것은 어떨까요. 특별한 일은 물론이고 생각한 것, 감동받은 것, 재미있었던 것에 덧붙여 사용한 차표나 들꽃이나 풀을 붙여 추억이 오래가게 하면 좋겠지요.

수현이는 이런 일에 익숙하다고 합니다. 그래서 수현이 그림일기장은 아주 두껍지요. 차표나 입장권은 물론이고 꽃잎이나 풀잎, 심지어 돌이나 나뭇가지까지 붙여놓았기 때문이래요.

여행에는 온갖 종류의 새로운 경험들이 기다리고 있습니다. 조금만 주의를 기울이면 아이에게는 잊지 못할 추억과 많은 것을 얻는 체험이 될 것입니다.

어떻습니까? 수현이는 아주 품위 있는 아이라고 생각되지 않으십니까? 이처럼 품위 있게 행동하는 수현이 뒤에는 늘 흥미를 불러일으키고 그 상황에 적절한 교육을 하는 부모가 있습니다.

아이는 언제나 그리고 어디에서나 무언가를 보고 듣고 느낍니다. 그리고 거기에서 인격 형성에 필요한 모든 것을 흡수하지요.

부모의 생활은
고스란히 아이의 생활이 된다

교육은 시대를 막론하고 인류의 최대 관심사 중 하나였습니다. 인류가 이룩한 눈부신 발전은 모두 교육에 의해 가능했다고 말해도 좋을 것입니다. 그러니 교육에 관심을 갖는 것은 당연하지요. 특히 어린 아이에 대한 교육은 부모와 아이의 접촉이 많아 관심이 더 깊은 것 같습니다.

저는 초등교육의 현장을 떠나 학습원 평생학습센터에서 '육아학 입문'에 관여하게 되었습니다. 교육현장에서 '아이 중심의 기르고 가르치는 학습의 장'에 몸담고 있다가 '부모 중심의 육아를 위한 배움의 장'으로 옮겨온 것이지요.

강좌를 맡은 저는 강좌 기획담당자로서 강좌내용에 어떤 항목이 필요한지 생각해보았습니다. 아이의 성장과 발달, 건강, 가정에서의 학습, 부모와 아이의 독서, 놀이……, 또 이 밖에 최근의 교육사정, 교육문제, 학교문제, 등교거부, 학급붕괴, 집단 따돌림 문제 등 여러 가지였습니다.

강좌에 참가하는 수강자의 연령대는 대부분 30대에서 50대까지의 어머니들이고, 가끔은 손자에게 도움 되었으면 하는 바람으로 강의를 들으러오신 할머니들도 계십니다. 또 어렵게 시간을 내어 부부가 함께 참가하는 경우도 있지요. 유치원이나 사립 초등학교 입학을 목표로 하는 아이를 안고 오는 어머니들도 있습니다. 강좌의 내용 중에 유아기와 아동기 아이의 성장과 발달에 관한 이야기(놀이, 학습, 독서, 건강 등)가 많기 때문이겠지요.

이 책에는 그 강좌에서 다루었던 내용과 더불어 어느 신문사가 주최한 '취학 전후의 교육을 생각한다'는 제목의 세미나에서 강연한 내용을 담았습니다. 이 책의 기본적인 주제는 가정 내에서 이루어지는 교육이므로 초등학교에서의 학습내용에 속하는 기본적인 어휘나 숫자, 모양에 대해서는 제외했습니다. 개인적으로는 이에 대해서도 별도의 기회에 정리해보고 싶습니다.

이 책이 아이를 기르는 데, 나아가 부모로서 사는 데 조금이라도 참고가 된다면 저로서는 더 이상의 기쁨은 없을 것입니다.

아이는 부모의 모습을 보고 자랍니다. 그러니 부모도 나날이 향상심을 갖고 노력했으면 합니다. 모든 부모는 우리 아이가 건강하고 밝고 기운차게 자라기를 바랍니다. 그러나 기대하는 것만으로는 부족하지요. 아이와 함께 놀고 접촉하고, 즐겁게 독서하고, 영양과 운동과 수면의 균형 잡힌 생활습관을 익히게 해야 합니다. 또 배려하는 마음을 가진 아이로 자라도록 배려해야 하지요.

부모의 생활은 고스란히 아이의 생활이 됩니다. 따라서 행동으로 보여주고 말로 들려주고 아이가 해보도록 배려해야 합니다. 그리고 칭찬해야 하지요.

마지막으로, 이 책이 나오기까지 기획하고 편집에 힘을 기울여준 모든 분들과, 더운 날씨에도 아랑곳없이 모든 협력과 충고를 아끼지 않으셨던 담당 편집자 및 관계자 분들께 감사의 말을 올립니다.

아이들이 자신의 인생을 스스로 지혜롭고 용기 있게 헤쳐 나가기를 바라는 마음은 어느 부모나 똑같을 거라고 생각합니다. 육아에 관한 책들이 많은 것도 그 때문이겠지요. 그런데 한편으로는 그 많은 책이 지금의 교육에 문제를 제기하는 것은 아닌가 생각해봅니다.

아이를 키우는 엄마로서 이 시대 엄마들에게 이상형이 되어버린 '엄친아'의 모델을 생각하면 많은 생각을 하게 됩니다. 공부 잘하고 잘생기고……, 겉보기에 훌륭한 것만을 내세우며 그것을 쫓아가려고만 하고 있지는 않은지 되돌아보게 됩니다.

이 책을 쓰신 선생님은 교육의 진정한 의미를 '평범한 특별함'에 두고 있는 것 같습니다. 기본의 기본에 충실한 육아야말로, 그리고 부모가 공부해서 솔선수범하고 아이와 함께 호흡하는 육아야말로 진정한 '품격'이라 불릴 육아이며, 그런 부모 손에 자란 아이야말로 정말 기품 있는 아이라는 것이 와 닿았습니다.

지금은 곁에 계시지 않지만 어머니와의 추억을 떠올려보면, 어릴 때 함께 들로 산으로 다니며 고구마 캐고 메뚜기를 잡던 일이 먼저 떠오릅니다. 수학 공부, 영어 공부 좀 더 하는 것보다 엄마와 산책하며 봤던 풍경들, 함께했던 놀이들이 더 오래도록 기억되는 것은 정서를 함께 나누었고 감동을 함께 나누었기 때문이 아닐까요?

한 인간으로서 앞으로 다가올 수많은 경험들을 어떻게 받아들이고, 어떻게 여러 사람과 어울려 건강하게 살아갈 수 있는가를 가르쳐주는 일이 부모의 진짜 역할이라는 생각이 이 책을 번역하면서 더욱 깊이 들었습니다.

저의 아이는 아직 자기 방을 정돈하는 일이나 집에 들어온 다음 벗어 놓은 신발을 가지런히 하는 것 등 스스로 하는 일에 서툽니다. 우리 엄마의 엄마들은 자녀를, 특히 아들을 떠받들어 키운 경향이 있어서인지 어른이 되었는데도 혼자서 밥 한 끼 차려먹지 못하는 남편들과 아버지들이 아직도 많은 것 같습니다. 그런 걸 보면 무엇보다 자신의 삶을 사랑할 줄 알며 독립적이고 자율적으로 삶을 꾸려나갈 수 있게 돕는 것이 부모의 역할이 아닌가 합니다. 오늘도 아이의 모습에서 부모인 제가 더 노력해야 할 것들을 발견합니다.

2010년 3월 30일
김은진